EINFACH SPITZE!

Kreative Spargelrezepte von Sternekoch

MARTIN SCHARFF

EDITION
99PAGES *by* HEEL

MARTIN SCHARFF

Sternekoch und Chef der
Heidelberger Schloss-Gastronomie

Illustre Gesellschaft: Martin Scharff betreibt im Heidelberger Schloss, dem Geburtsort von Liselotte von der Pfalz, gleich mehrere Restaurants. Für seine Küche in der Schlossweinstube erhielt er einen Michelin-Stern.

Wissen Sie eigentlich, warum Spargel häufig als „königliches Gemüse" bezeichnet wird? Die einfachste und für mich auch schönste Erklärung ist, dass man sich vor dem Spargel verneigen muss, ehe man ihn stechen darf. Doch es gibt auch andere Anekdoten, die erklären, warum dem Spross einer schlichten Lilienpflanze der steile Aufstieg in die aristokratische Gesellschaft über viele Jahrhunderte gelang. Tatsächlich war der König des Gemüsegartens lange nur gekrönten Häuptern vorbehalten. Schon der römische Kaiser Augustus soll seine bevorzugte Speise so geliebt haben, dass er selbst bei Befehlen Spargel mit ins Spiel brachte. Sein Hofstaat erhielt demnach immer Befehle, die mit dem Satz endeten „ … citius quam asparagus coquntur", was nichts Geringeres heißt als: Der Befehl soll schneller ausgeführt werden, als man Spargel zum Kochen bringt.

Der französische Sonnenkönig Ludwig XIV. wähnte sich gar so allmächtig, dass er seine Gärtner zwang, Spargel auch während des Winters anzubauen. Nicht ganz so royal ging es in Deutschland zu, obwohl Spargel als Nahrungsmittel erstmals im Stuttgarter Lustgarten angebaut wurde. Die Stadt Schwetzingen zum Beispiel feiert sich als Spargelhochburg, in der seit 350 Jahren das Edelgemüse angebaut wird. Auch meine Vorvorgängerin im Heidelberger Schloss, Liselotte von der Pfalz, galt nicht gerade als Kostverächterin, wie man auf ihrem Portrait sehen kann. Auch die Schwägerin von Ludwig XIV. aß für ihr Leben gern Spargel.

Schön, dass der Adel – zumindest in der Küche – längst abgedankt hat. So kann heute jeder sein eigenes Festmahl feiern. Ich wünsche Ihnen mit den neuen und kreativen Rezepten aus der Heidelberger Schlossküche viel königliches Ess-Vergnügen.

Ihr Martin Scharff

Martin *Scharff*

Inhalt

KREATIVE REZEPTE, WEINEMPFEHLUNGEN, TIPPS & TRICKS

NIENBURG

Aukrug

Lauenburg

Bardowick

Lüneburger Heide

Beetzer Heide

Osnarbrücker Land

Burgdorf

Neustadt a. Rbge

Stendal

Klötze

Beetz

Sommerfeld

Bad Iburg

Glandorf

Braunschweig

Parchen

Hohenseeden

BEELITZ

Dellbrück

Walbecker
Spargel

Dellbrücker Land

Walbeck

NIEDERRHEIN

Kyhna

Brüggen

Efeld

Bornheimer Spargel

Thüringer Becken

Kutzleben

Herbsleben

Hanau

Nürnberg

Groß-Gerau/Weiterstadt/
Griesheim/Pfungstadt

Fränkischer Spargel

Rheinpfalz

Landau

Bruchsal/**SCHWETZINGEN/**
Oftersheim/Reilingen/
St. Leon-Rot

Schwabach

Hügelsheim

Abensberger
Spargel

Munzingen

Tettnang/
Meckenbeuren/
Ravensburg

SCHROBENHAUSEN

DER BESTE IM GANZEN LAND

Die Spargelregionen in Deutschland

——

Was denn nun – wer ist der Beste im ganzen Land? Die Frage, wo der leckerste deutsche Spargel angebaut wird, dürfte weniger mit Qualitätsansprüchen oder Geschmacksnoten beantwortet werden, als vielmehr mit Lokalpatriotismus. Denn Tatsache ist, Deutschland bietet den perfekten Nährboden für alles, was uns im Kleinen und Vertrauten lieb und teuer ist. Es gibt wohl kaum etwas Schöneres, als zum benachbarten Bauern oder zum Händler seines Vertrauens zu gehen und dort DEN Spargel zu erstehen, der für einen selbst als der „Beste im ganzen Land" gilt. So dürfte es wenig überraschen, dass die Gretchenfrage der Kulinarik immer sehr eindeutig beantwortet wird. Der Badener findet den badischen Spargel am besten, der Schwetzinger den Schwetzinger, der Niedersachse den Niendorfer, der Pfälzer den Landauer, der Franke den Fränkischen und der Bayer den Schrobenhausener. Punkt und Ende. Widerrede ist völlig zwecklos. Gut ist immer das, was die bedingungslose Heimatliebe vorgibt. Nicht anders als mit dem zartesten Spargel verhält es sich, wenn man ehrlich ist, doch auch mit dem Wein, den Kartoffeln, dem Fleisch und natürlich auch dem eigenen Dialekt. Es lebe die Kleinstaaterei in den Köpfen.

Zumindest beim Spargel ist dies völlig legitim. Jeder darf seinen Lieblingsspargel haben, auch wenn sich die Herstellungsmethoden national kaum voneinander unterscheiden. Weißer Spargel wird in Erdwällen gezogen und vor Sonnenlicht geschützt. Damit den wertvollen Stangen wohlig warm ist, kommen Folien und sogar Bodenheizungen zum Einsatz. Genau genommen, müsste Spargel damit in ganz Deutschland gleich schmecken, zumal er ohnehin zu 94 Prozent aus Wasser besteht. Aber es gibt zum Glück doch Nuancen und Unterschiede, die dafür sorgen, dass jede Region ihre individuelle Existenzberechtigung hat. Erde ist eben doch nicht gleich Erde. Deshalb nimmt Berlins Vorgarten Beelitz in Brandenburg für sich ebenso das Selbstverständnis in Anspruch, den edelsten Spargel zu produzieren, wie die nordbadischen Anbaugebiete rund um Schwetzingen und Bruchsal oder die Region der endlosen Weiten am Niederrhein. Erbitterte Feindschaft lässt sich – im wahrsten Sinne des Wortes – daraus jedoch nicht ableiten.

Schließlich ist weißer Spargel längst nicht mehr allein auf der Welt. Inzwischen erfreut sich auch Grünspargel wachsender Beliebtheit. Er wird ohne Erdwälle (Spargeldämme) angebaut und gleicht dem ursprünglichen Wildspargel mit seinem intensiveren Geschmack noch am meisten. Er wächst weitgehend über der Erde und verfärbt sich durch das Sonnenlicht auf seiner ganzen Länge grün. Geerntet wird Grünspargel, wenn er etwa 20 bis 25 cm aus der Erde herausgewachsen ist. Doch selbst für ihn gilt das lokalpatriotische Prinzip, auch wenn einige Regionen darauf verzichten, grünen Spargel anzubauen. Bei den nachfolgenden Rezepten haben wir ihn dennoch berücksichtigt. Die Anbauzeit endet zwar auch bei der grünen Fraktion am 24. Juni, um sich vom Schnitt zu erholen. Aber längst ist grüner Spargel fast ganzjährig als Importware erhältlich, was die Spargelsaison in der Küche erfreulicherweise verlängert.

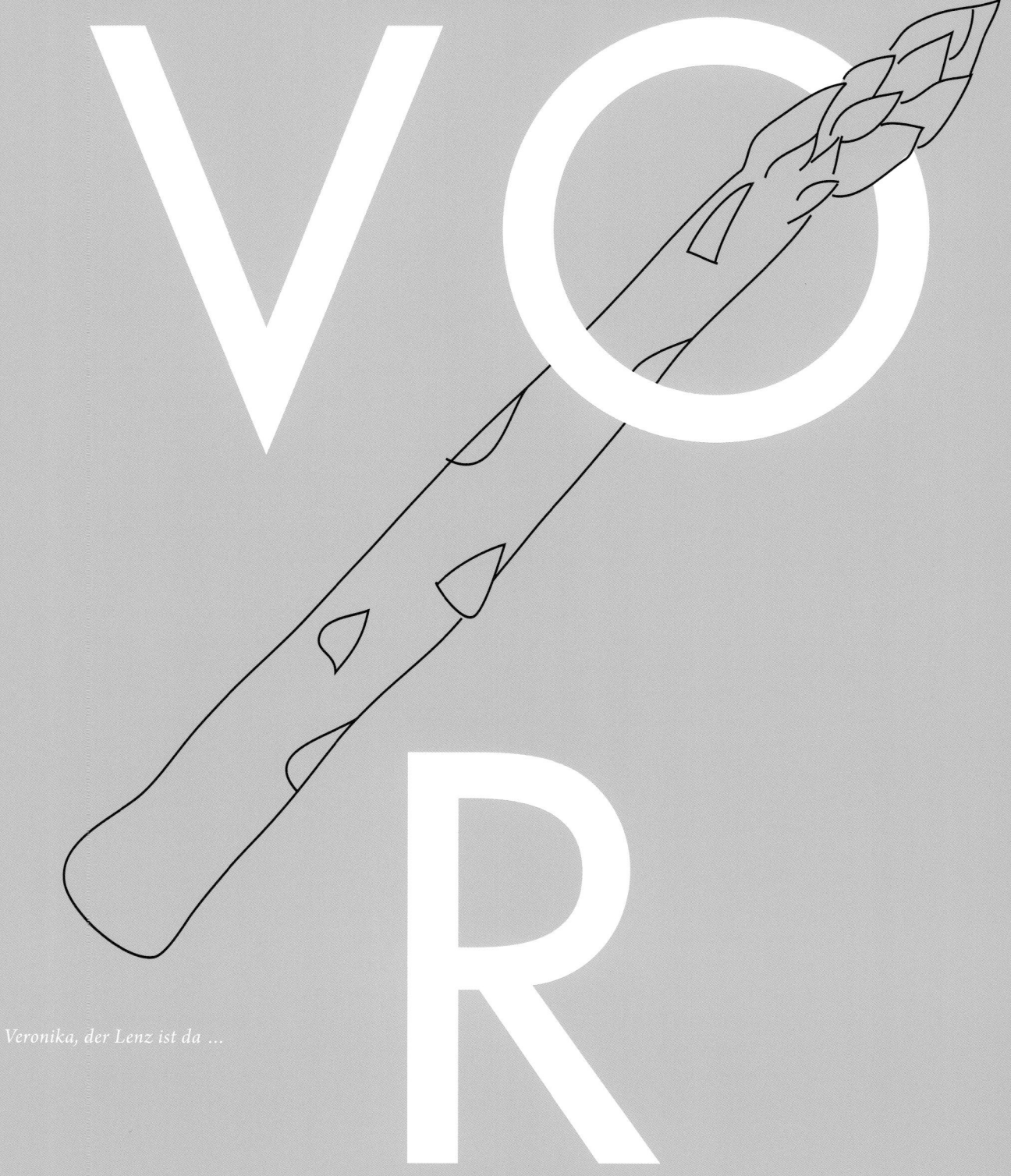

Veronika, der Lenz ist da ...

Speise

Natürlich ist gegen Spargel „einfach so" gar nichts einzuwenden. Lauwarm mit einer leichten Vinaigrette oder einer gepfefferten Crème fraîche wird er bei unseren Nachbarn in Frankreich gerne als Vorspeise serviert. Fest steht, dass keine Beilage – und sei sie noch so fein – ihm hier die Schau stehlen kann. Von dieser puristischen Variante einmal abgesehen, gibt es einige Rezepte, die den edlen Stangen zu einem besonders edlen Auftritt verhelfen.

SPARGELCHARTREUSE
mit Tatar von der Lachsforelle
auf Schnittlauch-Kaviar-Schmand

Zutaten für 4 Personen

Spargel
22 Spargelstangen, gekocht

Spargelragout
30 g Lachs- oder Forellenkaviar
½ Bund Schnittlauch
2 TL Limonen-Olivenöl
weißer Balsamicoessig
Salz, Pfeffer

Tatar
160 g frisches Lachsforellenfilet
80 g geräucherter Lachs
(Räucherlachs)
Schalenabrieb einer ½ Zitrone
Himalaya-Salz, weißer Pfeffer
aus der Mühle
20 g fein geschnittene Schalottenwürfel
2 TL Limonen-Olivenöl

Schnittlauch-Kaviar-Schmand
150 g Schmand
50 ml Milch
½ Bund Schnittlauch
30 g Avruga-Kaviar
(schwarzer Heringskaviar)
Lachs- oder Forellenkaviar
zum Dekorieren

Salz, Pfeffer

Spargelragout
Von den gekochten Spargelstangen die Spitzen (ca. 5 bis 6 cm) abschneiden und fürs Anrichten der Chartreuse zur Seite legen. Den Rest der Spargelstangen zu einem kleinen Ragout schneiden. Etwas von dem Kaviar und dem fein geschnittenen Schnittlauch hinzugeben. Mit etwas Limonen-Olivenöl, weißem Balsamicoessig sowie Salz und Pfeffer abschmecken.

Tatar
Das entgrätete Lachsforellenfilet sowie den Räucherlachs sehr fein schneiden und in eine Schüssel geben. Nun den fein geschnittenen Schnittlauch sowie den Zitronenschalenabrieb und die Schalottenwürfel hinzugeben. Das Ganze mit Salz und Pfeffer abschmecken und mit dem Limonen-Olivenöl verfeinern.

Die vorbereiteten Spargelspitzen der Länge nach halbieren und in einen 6 cm Durchmesser großen Edelstahlring stellen. Das fertige Lachsforellentatar in den Ring geben, mit einem nassen Löffelrücken glattstreichen und kaltstellen. Zur besseren Stabilität nach dem Entfernen des Ringes einen in kochendem Wasser blanchierten Schnittlauchhalm um den Spargel herumwickeln.

Schnittlauch-Kaviar-Schmand
Den Schmand mit der Milch und dem Schnittlauch verrühren, danach in die Mitte des Tellers geben und zu einem runden Kreis glattstreichen. Die Chartreuse darauf setzen. Das Spargelragout sowie etwas Lachsforellentatar außerhalb der Chartreuse anrichten und mit Schnittlauchspitzen dekorieren.

Tipp
Das Öl im Tatar sorgt neben einer frischen Note auch für einen besonderen Glanz.

SALAT VON GRÜNEM SPARGEL

mit *gepfeffertem Thunfisch*

UND KORIANDERMAYONNAISE

Zutaten für 4 Personen

Koriandermayonnaise

150 g Mayonnaise

60 g Crème Fraîche

1 Msp. Kreuzkümmel, gemahlen

1 TL Limonenöl

½ TL Sesamöl

½ TL Madras Curry

½ TL Weißweinessig

1 EL Sojasauce

1 Knoblauchzehe

1 Ingwernuss in Sirup

10 g frisch gezupfte Koriander-
   blätter, fein geschnitten

*Limonen-Olivenöl-
Vinaigrette*

40 ml Weißweinessig

40 ml Limonen-Olivenöl

40 ml Sonnenblumenöl

60 ml Geflügelfond oder
   Spargelsud (s. S. 49)

Abrieb von einer Limette

1 Prise Zucker

Himalaya-Salz

Pfeffer aus der Mühle

Thunfisch

400 g Thunfischfilet

100 g bunter Pfeffermix

Erdnussöl

Maldon-Salz

20 Stangen grüner Spargel, gekocht

½ Kopf Friséesalat

100 g feiner Feldsalat

Himalaya-Salz (oder Meersalz)

rote Shiso-Kresse

4 Radieschen

Koriandermayonnaise

Die Mayonnaise mit der Crème fraîche, bis auf die Sojasauce, den Knoblauch und den Ingwer, mit den restlichen Zutaten mit dem Schneebesen in einer Schüssel verrühren. Die Sojasauce mit der Knoblauchzehe und der Ingwernuss fein pürieren und ebenfalls in die Masse einrühren. Zum Schluss den fein geschnittenen Koriander hinzugeben. Das Ganze abgedeckt ca. 4 Stunden im Kühlschrank durchziehen lassen.

Vinaigrette

Den Essig in einer Schüssel mit dem Fond verrühren, mit den verschiedenen Ölen aufschlagen, mit Salz, Pfeffer und dem Zucker abschmecken und mit dem Limettenabrieb verfeinern. Danach den gekochten grünen Spargel für ca. 10 bis 15 Min. zum Marinieren in die Vinaigrette legen.

Gepfefferter Thunfisch

Das Thunfischfilet in vier gleichmäßige 3 x 3 cm dicke Balken schneiden. Nun die Balken von allen Seiten in dem feinen bunten Pfeffermix wälzen und in einer Teflonpfanne mit etwas Erdnussöl rundum kurz anbraten, damit der Thunfisch innen noch roh bleibt. Danach in 1 cm dicke Scheiben schneiden und kurz vor dem Servieren mit grobem Maldon-Salz würzen.

Anrichten

Im unteren Drittel des Tellers den marinierten grünen Spargel übereinander legen. Unterhalb des Spargels 5 dicke Tropfen der Koriandermayonnaise spritzen und mit der roten Shiso-Kresse dekorieren. Oberhalb des Spargels das in fünf Teile geschnittene Thunfischfilet in gleichem Abstand abwechselnd legen und aufstellen.

Darüber mit der restlichen Vinaigrette den feinen Frisée, den kleinen Feldsalat, sowie die dünnen Radieschenscheiben marinieren und dekorativ als längliches Salatbouquet anrichten.

WARMER SPARGELSALAT

mit *Petersilien-Kapern-Vinaigrette,*

BACKHENDL VOM STUBENKÜKEN UND

ZITRONENREMOULADE

Zutaten für 4 Personen

12 gekochte Spargelstangen
12 Kapernäpfel
1 Kopf feiner Friséesalat zum
    Garnieren

Stubenküken
2 Stubenküken
200 g geriebenes Weißbrot
    (Semmelbrösel)
2 Eier
100 g Mehl (Type 405)

Petersilien-Kapern-Vinaigrette
2 EL Champagneressig
2 EL Kapernsaft aus dem Glas
3 EL Distelöl
3 EL Sonnenblumenöl
2 EL kleine Kapern
2 EL fein geschnittene Petersilie
100 g fein geschnittene, blanchierte
    Gemüsewürfel (Karotte, Sellerie)
Salz, Pfeffer, Zucker

Zitronenremoulade
200 g Mayonnaise
4 Sardellenfilets
kleiner Bund Petersilie
1 TL Zitronensaft
Filets einer Zitrone
1 Essiggurke
1 TL Dijon-Senf
Salz, Pfeffer

Stubenküken
Vom Stubenküken die Brüste und die Keulen auslösen. Bei der Keule nun den untersten Schenkelknochen auslösen und mit Hilfe eines Fleischklopfers den unteren Teil der Keule zwischen Klarsichtfolie flach klopfen. Die plattierte Keule mit Salz und Pfeffer würzen, zum Knochen hin einschlagen, auf eine 10 x10 cm große quadratisch, gebutterte Alufolie legen, von allen Seiten zuschlagen und mit Spannung zu einer Kirsche zusammendrehen. Die Keulen bei 80 °C im Wasserbad ca. 20 bis 25 Min. garziehen lassen. Danach direkt in kaltem Wasser abschrecken. Nun die Brüstchen ohne Haut von allen Seiten mit Salz und Pfeffer würzen und mit den ausgepackten und abgetrockneten Keulen in Mehl, verquirltem Ei sowie den Semmelbröseln panieren. Alle Teile ganz zum Schluss – wenn alles vorbereitet ist – bei 160 °C bis 180 °C in heißem Fettbad ca. 3 bis 5 Min. goldgelb (die Brüstchen etwas kürzer) ausbacken und auf Küchenkrepp trockenlegen.

Petersilien-Kapern-Vinaigrette
Den Essig mit dem Kapernsaft in einer Schüssel mit dem Schneebesen vermengen. Danach die verschiedenen Öle einrühren. Zum Schluss die Kapern und die Petersilie hinzugeben und mit Salz, einer Prise Zucker und Pfeffer aus der Mühle abschmecken.

Spargelsalat
Von dem noch warmen gekochten Spargelstangen die Spitzen abschneiden und fürs spätere Anrichten beiseitestellen. Aus dem Rest schräg geschnitten ein feines Ragout herstellen und dieses mit der Petersilien-Kapernvinaigrette marinieren und zum Durchziehen beiseitestellen.

Zitronenremoulade
Die Essiggurke, die Sardellenfilets und die Petersilie fein schneiden und mit dem Senf unter die Mayonnaise rühren. Nun die fein geschnittenen Zitronenfilets sowie den Saft hinzugeben und mit Salz und Pfeffer aus der Mühle abschmecken.

Mit Kräutern überbackener Ziegenkäse
im Nest von rohem Spargel
UND HAGEBUTTEN-ZWIEBEL-CHUTNEY

Zutaten für 4 Personen

12 nicht zu dünne, rohe Stangen
   Spargel

Champagneressig-Vinaigrette
30 ml Spargelsud (s. S. 49)
20 ml Champagneressig
20 ml Haselnussöl
20 ml Traubenkernöl
Salz, Pfeffer, eine Prise Zucker

Kräuterkruste
100 g entrindete Weißbrotscheiben
¼ Bund glatte Petersilie
½ Bund Schnittlauch
5 Basilikumblätter
1 Estragonzweig

Hagebutten-Zwiebel-Chutney
60 g Zwiebeln in Würfel geschnitten
Sonnenblumenöl zum Dünsten
200 g Hagebuttenpüree
½ Chilischote (ohne Kerne
   verarbeiten)
40 g Sultaninen
50 ml Weinessig
1 Prise Senfkörner, gemahlen
1 Prise Koriander, grob zerstoßen
Salz, Pfeffer, Zucker

200 g Ziegenkäserolle
50 g Butter
½ Bund Kerbel zum Dekorieren

Zubereitung
Die geschälten Spargelstangen mit Hilfe eines Spargel- oder Gemüseschälers der Länge nach zu hauchdünnen langen Spargelnudeln schälen. Diese in eine Schüssel geben und ca. 10 bis 15 Min. vor dem Servieren mit der Vinaigrette marinieren.

Champagneressig-Vinaigrette
Den Spargelsud mit dem Essig in eine Schüssel geben und verrühren. Nun nach und nach die verschiedenen Öle darunter schlagen und mit den Gewürzen abschmecken.

Kräuterkruste
Die etwas angetrockneten Weißbrotscheiben zerkleinert in einen Küchenmixer geben (z. B. Moulinette) und mit den fein geschnittenen und gezupften Kräutern zu einer gleichmäßigen feinen Bröselmasse mixen. Nun die feinen Kräuterbrösel etwas flach ausgebreitet auf ein Blech zum Trocknen geben.

Hagebutten-Zwiebel-Chutney
Die Zwiebeln im Topf mit etwas Sonnenblumenöl farblos glasig dünsten. Das Hagebuttenpüree mit den Zwiebeln, der fein geschnittenen Chilischote und den Sultaninen und dem Weinessig aufkochen. Die Gewürze dazugeben und das Chutney bei schwacher Hitze im offenen Topf ca. 90 Min. köcheln lassen. Dabei immer wieder umrühren. Das Hagebuttenpüree mit Salz, Pfeffer und etwas Zucker abschmecken und kalt stellen.

Anrichten
Die Ziegenkäserolle in 4 gleichmäßig große Scheiben schneiden und auf ein flaches Blech setzen. Nun die feinen leicht angetrockneten Kräuterbrösel gleichmäßig auf dem Ziegenkäse verteilen. Die Butter auf dem Herd in einem kleinen Topf flüssig werden lassen und mit Hilfe eines Pinsels gleichmäßig über die Kräuterbrösel verteilen. Nun den Ziegenkäse im Backofen bei Grilleinstellung so lange im Ofen lassen (ca. 5 bis 10 Min.), bis sich eine schöne goldbraune Kruste gebildet hat. Den überbackenen Ziegenkäse in die Mitte des Tellers setzen, die marinierten Spargelnudeln herumlegen und mit gezupftem Kerbel dekorieren. Das erkaltete Hagebutten-Chutney kunstvoll als gezogene Träne um den Spargelsalat geben.

Tipp
Besonders aromatisch wird die Vinaigrette, wenn man kurz vor dem Anrichten noch fein geschnittenen Kerbel hinzugibt.

SPARGEL-ROASTBEEFRÖLLCHEN

mit Wasabi und

knackigen Kopfsalatherzen

in Sesamvinaigrette

Zutaten für 4 Personen

Roastbeef
300 g gereiftes Roastbeef , pariert
Salz, Pfeffer
5 cl Erdnussöl

Sesamvinaigrette
zum Kopfsalat
2 EL kalter Spargelsud (s. S. 49)
2 EL Reisessig
3 EL Sesamöl
2 EL Erdnussöl
1 EL helle Sojasauce
Pfeffer aus der Mühle

Wasabi Crème fraîche
250 g Crème fraîche
1 TL Wasabipaste
Himalaya-Salz

16 gekochte Spargelstangen
geröstete weiße und schwarze
Sesamkörner
4 Kopfsalatherzen
1 Bund frischer Koriander
Estragon

Roastbeef
Das Roastbeef von beiden Seiten mit Salz und Pfeffer würzen und in einer heißen Pfanne mit Erdnussöl von beiden Seiten kräftig mit Farbe anbraten. Dann auf ein Gitter setzen und im Ofen bei 80 °C Umluft ca. 35 bis 40 Min. (54 °C Kerntemperatur) rosa garen. Danach 2 bis 3 Stunden kalt stellen, bevor es in dünne Scheiben aufgeschnitten und nochmals mit Salz und Pfeffer gewürzt wird.

Sesamvinaigrette
Den kalten Spargelsud mit dem Reisessig vermischen und mit den beiden Ölen mit dem Schneebesen aufschlagen. Nun mit Sojasauce und dem Pfeffer abschmecken.

Wasabi Crème fraîche
Die Crème fraîche in einer Schüssel mit dem Schneebesen und der Wasabipaste glattrühren und mit dem Himalaya-Salz abschmecken.

Anrichten
Die gekochten Spargelstangen für 10 bis 15 Min. in die Sesamvinaigrette legen. Nun die dünn aufgeschnittenen Roastbeefscheiben dünn mit der Wasabi Crème fraîche bestreichen, die abgetropften Spargelstangen darauflegen und zusammenrollen. Pro Teller 2 Roastbeefröllchen mit etwas Platz in der Mitte mit den Spargelspitzen entgegengesetzt auf den Teller legen. Die mit der Sesamvinaigrette marinierten Kopfsalatherzen in die Mitte der beiden Röllchen setzen. Nun die restliche Wasabi Crème fraîche als Punkte gleichmäßig um die Spargelröllchen setzen und mit den zwei verschiedenen Sesamkörnern und dem frisch gezupften Koriander dekorieren. Mit der Vinaigrette den Spargel nappieren. Mit gezupften Estragonspitzen dekorieren.

GEFÜLLTE KRÄUTERCRÊPES MIT SPARGEL

und Räucherlachs

AN SENF-DILL-CRÈME

Zutaten für 4 Personen

16 gekochte Spargelstangen
400 g Räucherlachs
1 Kopf Friséesalat

Kräutercrêpes-Teig
60 g Mehl, gesiebt
150 ml Milch
2 Eier
1 Prise Salz
20 g flüssige Butter
5 Stengel Blattpetersilie
1 Bund Schnittlauch
1 Estragonzweig
3 Basilikumblätter
5 Kerbelzweige

Senf-Dill-Crème
100 g Crème fraîche
100 g Mayonnaise
2 EL mittelscharfer Senf
2-3 EL Blütenhonig
1 kleiner Bund Dill

Kräutercrêpes-Teig
Milch und Mehl mit einem Schneebesen glattrühren. Nun die restlichen Zutaten mit der flüssigen Butter zuletzt unterrühren und ca. 10 bis 15 Min. ruhen lassen. Vor dem hauchdünnen Ausbacken in der Pfanne die frisch geschnittenen Kräuter daruntergeben.

Senf-Dill-Crème
Die Crème fraîche mit der Mayonnaise und dem Senf in einer Schüssel mit dem Schneebesen glattrühren. Nun beliebig mit dem Honig abschmecken. Zum Schluss den fein geschnittenen Dill daruntergeben.

Anrichten
Den ausgebackenen Crêpe mit Hilfe einer Palette mit der Senf-Dill-Crème dünn bestreichen und gleichmäßig mit dem geschnittenen Räucherlachs belegen. Nun pro Crêpe vier gekochte Spargelstangen an den Anfang des Crêpes legen und zu einer Rolle aufrollen. Den Crêpe zum Anrichten in der Mitte diagonal durchschneiden und übereinander in einem tiefen Teller anrichten. Nun mit dem restlichen Lachs als Rose gelegt sowie mit fein gezupftem Friséesalat und frischem Kerbel dekorieren.

Der besondere Tipp
Besonders dünn und perfekt werden die Crêpes beim Ausbacken in einer Teflonpfanne mit etwas geklärter Butter.

SPARGELCOCKTAIL IM GLAS
mit Shrimps und Wachtelei

Zutaten für 4 Personen

12 gekochte Spargelstangen

French Dressing
2 Eigelb
125 ml Pflanzenöl
1 Knoblauchzehe
50 Dijonsenf
2 EL Weißweinessig
125 ml Geflügelfond
Salz
Cayennepfeffer

1 Bund Schnittlauch
200 g Eismeershrimps
6 gekochte Wachteleier
  (2 Min., 50 Sek.)
1 reife Avocado
8 Kirschtomaten
½ Bund Kerbel

French Dressing
Aus den Eigelben, dem Senf und dem Öl eine klassische Mayonnaise herstellen. Die Eigelbe in eine Schüssel geben und mit Hilfe eines Schneebesens mit dem Senf verrühren. Das Öl nach und nach und unter ständigem Rühren langsam in die Eigelbe geben, so dass eine Emulsion (Bindung) entsteht. Es ist daher sehr wichtig, dass die Eigelbe und das Öl die gleiche Temperatur haben. Die geschälte Knoblauchzehe durch die Knoblauchpresse drücken und mit dem Weißweinessig und der Brühe mit Hilfe eines Schneebesens in die Mayonnaise rühren. Mit Salz und Cayennepfeffer abschmecken.

Zubereitung
Von den Spargelstangen die Köpfe in einer Länge von ca. 6 bis 7 cm abschneiden. Aus dem restlichen Spargel ein 2 cm dickes Ragout schneiden. Die reife Avocado schälen, ¼ davon für die Dekoration zurückbehalten und aus dem Rest ebenfalls 2 cm dicke Würfel schneiden. Nun das Spargelragout, die Avocadowürfel sowie die abgetropften Shrimps und die fein geschnittenen Kräuter mit dem French Dressing vorsichtig anmachen.

Anrichten
Das Ganze nun in eine Cocktailschale aus Glas füllen und mit den Spargelspitzen, den halbierten Wachteleiern und Kirschtomaten, sowie dem gefächerten Avocado-Rest und frisch gezupftem Kerbel dekorieren.

BUNTER SPARGELSALAT
mit Erdbeeren,
altem Balsamico und Pfeffer

Zutaten für 4 Personen

16 gekochte Spargelstangen

Spargelvinaigrette
30 ml kalter Spargelsud (s. S. 49)
20 ml weißer Balsamico
20 ml Olivenöl
20 ml Traubenkernöl
Himalaya-Salz
Pfeffer aus Mühle
1 Prise Zucker

200 g luftgetrockneter Schinken
    (z. B. Parma)
20 Erdbeeren
alter Balsamico
Tellicherry Pfeffer aus der Mühle
Gartenkresse

Vinaigrette
Den Essig in einer Schüssel mit dem Sud verrühren, mit den verschiedenen Ölen aufschlagen und mit Salz, Pfeffer sowie dem Zucker abschmecken. Danach den gekochten grünen Spargel für ca. 10 bis 15 Min. zum Marinieren in die Vinaigrette legen. Die Stangen in die Mitte des Tellers legen, links und rechts davon den fein geschnittenen Schinken geben.

Anrichten
Jeweils zur Hälfte die halbierten sowie die feingewürfelten Erdbeeren über den Spargel verteilen. Den alten Balsamico mit Hilfe einer kleinen Spritzflasche um den Spargel spritzen. Zum krönenden Finale mit dem Pfeffer aus der Mühle fertig würzen. Mit Gartenkresse dekorieren.

Der besondere Tipp
Zur zusätzlichen Verfeinerung und für den Geschmack eignet sich besonders ein feiner Rucola.

GRÜNER SPARGEL IM KNUSPERMANTEL
mit *Avocado-Tomaten-Dip,*
WACHTELEIERN UND TOMATENCHIPS

Zutaten für 4 Personen

Avocado-Tomaten-Dip
2 vollreife Tomaten
2 reife Avocados
Himalaya-Salz
Pfeffer aus der Mühle
Tabasco

Getrocknete Tomatenchips
4 Kirschtomaten
Puderzucker

Knusperspargel
12 grüne, mit Biss gekochte
    Spargelstangen
2 Eiweiß
1 Packung Frühlingsrollenteig
Fett zum Frittieren

Anrichten
4 Wachteleier gekocht
    (2 Min. 50 Sek.)
Rote-Bete-Sprossen
Basilikumkresse

Avocado-Tomaten-Dip
Die zwei vollreifen Tomaten über Kreuz einschneiden und im kochenden Wasser kurz blanchieren, bis sich die Haut löst. Sofort in kaltem Wasser abschrecken und direkt schälen. Nun die Tomate vierteln und das Kerngehäuse entfernen. Aus den Tomatenzungen ein kleines Ragout schneiden. Die geschälten Avocados halbieren und den Kern entfernen. Nun aus den Avocadohälften ebenfalls, wie bei der Tomate, kleine Würfel schneiden. Das Ganze miteinander vermengen und mit Salz, Pfeffer aus der Mühle und einem Spritzer Tabasco abschmecken.

Getrocknete Tomatenchips
Die Kirschtomaten in 3 bis 5 mm dünne Scheiben schneiden und auf ein Backpapier legen. Mit Puderzucker bestreuen und bei 80 °C Ober- und Unterhitze im Backofen ca. 1,5 Stunden trocknen lassen.

Knusperspargel
Den ausgebreiteten Frühlingsrollenteig mit angeschlagenem Eiweiß bepinseln. Den grünen Spargel auf den Frühlingsrollenteig legen und einrollen. Hierbei sollte die Spitze herausschauen bzw. frei bleiben. Nun die eingerollten grünen Spargelstangen in einem Fettbad bei 160 °C bis 180 °C mit dem Kopf aus dem Fett ragend ca. 2 bis 3 Min. frittieren. Mit einer Grillzange können Sie die Spitzen über dem Fett halten.

Anrichten
Drei gebackene Spargelspitzen über Kreuz auf den Teller legen, dazwischen mit Hilfe eines kleinen Ringes das Avocadotatar setzen. Nun mit den Tomatenscheiben, den Wachteleiern, der Basilikumkresse und den Rote-Bete-Sprossen garnieren.

Der besondere Tipp
Bei den Avocados empfehle ich die Sorte HASS, weil diese Sorte bereits gereift in den Handel kommt und an ihrer dunklen Schale zu erkennen ist.

KIRSCHEN ROT, SPARGEL TOT

Spargelstechen – ein harter Job

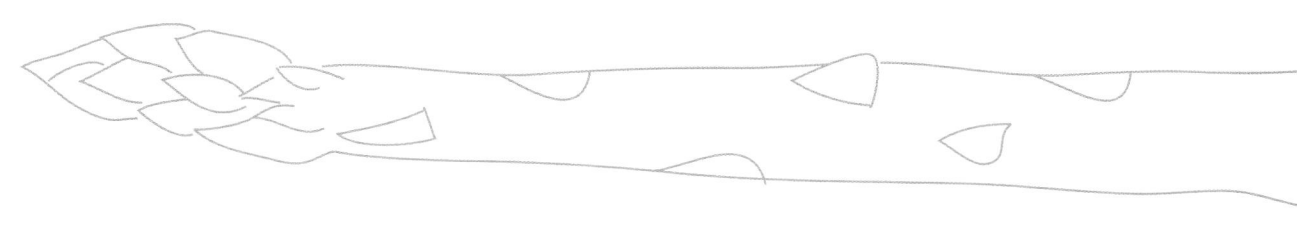

Stichtag ist im wahrsten Sinne des Wortes der 24. Juni. Die Fraktionen sind ausgewogen – unter denen, die froh sind, wenn die Saison endlich vorbei ist und denen, die sie nur zu gerne verlängern würden. Erstere sind sicher die Erntehelfer, deren strapazierte Körper sich nach fast dreimonatigem Knochenjob wieder erholen können. Und letztere sind die Bauern, die zu gerne die umsatzstarken Monate ausdehnen würden. Aber vorbei ist vorbei – die Spargelsaison endet traditionell am Johannistag, dem 24. Juni. Dies hat einen ganz einfachen Grund. Der Spargeltrieb, den wir als weißen oder auch grünen Spargel genießen, ist eigentlich nur der Stamm der Pflanze. Damit er auch in der folgenden Saison über die erforderliche Kraft verfügt, um Spargel auszutreiben, muss man ihn wachsen lassen, bis er einen kleinen grünen Busch bildet. Nun kann er durch die Photosynthese die dafür nötige Energie sammeln. Diese wird in der Wurzel gespeichert und die Spargelpflanze kann dann im kommenden Frühjahr wieder neu austreiben. Für diesen natürlichen Prozess der Regeneration benötigt die Pflanze rund 100 Tage und er muss abgeschlossen sein, ehe der erste Frost kommt. Damit das zeitlich passt, haben die Bauern vor Jahrhunderten den Johannistag als letzten Erntetag festgelegt. Das große Finale merkte man sich im Volksmund mit einem simplen Reim: „Werden die Kirschen rot, ist der Spargel tot."

Aber nach der Ernte ist vor der Ernte. Spargelanbau gilt nicht ohne Grund als ebenso mühsames wie aufwändiges Geschäft. Lange Vorbereitungen und großes Wissen um die Beschaffenheit des Bodens sind die elementaren Voraussetzungen für den Erfolg in der nächsten Saison. Angebaut wird Spargel in der Regel auf leichten und sandigen Böden.

Spargelanbau ist dank guter Kenntnisse der Bodenbeschaffenheit kein Privileg des Südens mehr. Bauer Reimers aus Pagenstedt bei Neumünster zählt zu den nördlichsten Spargelbauern Deutschlands. Aber – klimatisch bedingt – auch zu den eher kleineren.

Im Jahr vor dem Planzen muss der Boden tiefgründig und mit organischem Dünger vorbereitet werden. Im zweiten Jahr wird der Spargel etwa 25 Zentimeter unter der Erdoberfläche gepflanzt, dann aber in Ruhe gelassen, sodass man erst im dritten Jahr mit ersten, wenn auch dürftigen Erträgen rechnen kann. Für den weißen Spargel wird immer im Februar oder März ein Erddamm über der Wurzel aufgehäuft, der verhindert, dass die Stange sich später im Wachstum grün verfärbt. Wichtig ist, dass dieser Damm so fest ist, dass er nicht auseinanderfällt, aber so locker, dass der Spargel gerade wachsen kann.

Ab Mitte April ist Erntezeit. Sobald die Spargeltriebe die Dammkrone durchbrechen, werden die Stangen in einer Tiefe von ca. 25 bis 30 Zentimeter mit einem speziellen Messer von Hand gestochen. Danach wird das entstandene Loch wieder aufgefüllt und der Damm mit einer Art Kelle geglättet, damit die Spargelwurzel erneut austreiben kann. Um die Temperaturen im Boden steuern zu können, werden die Wälle mit Folien abgedeckt. Zeigt die schwarze Folienoberseite nach oben, kann man damit die Temperatur erhöhen und damit das Wachstum beschleunigen. Mit der weißen Seite der Folie erreicht man das Gegenteil. Mit Hilfe sogenannter Spargelspinnen kann man die Dämme abdecken bzw. die Folien auf die gewünschte Seite drehen. Nach dem Stechen werden die Spargel gewaschen und sortiert.

Laut Statistischem Bundesamt beträgt die Anbaufläche von Spargel in Deutschland rund 26.000 Hektar. Bezogen auf die Anbaufläche ist damit Spargel weiterhin das bedeutendste Gemüse mit einem Anteil von 22 Prozent an der gesamten Freilandfläche. Die Erntemenge von Spargel liegt bei 114.000 Tonnen. Über die Hälfte der deutschen Spargelflächen lag in den drei Bundesländern Niedersachsen (5.400 Hektar), Brandenburg (4.200 Hektar) und Nordrhein-Westfalen (4.100 Hektar).

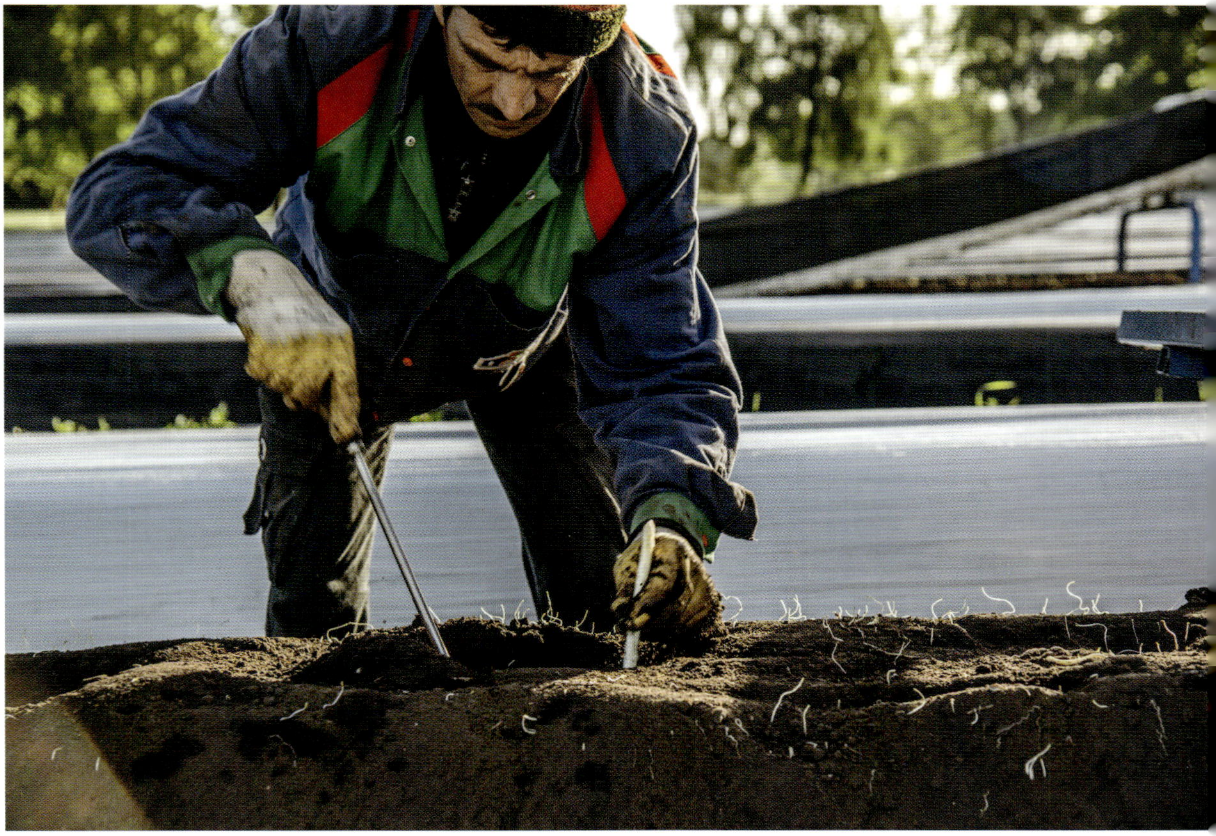

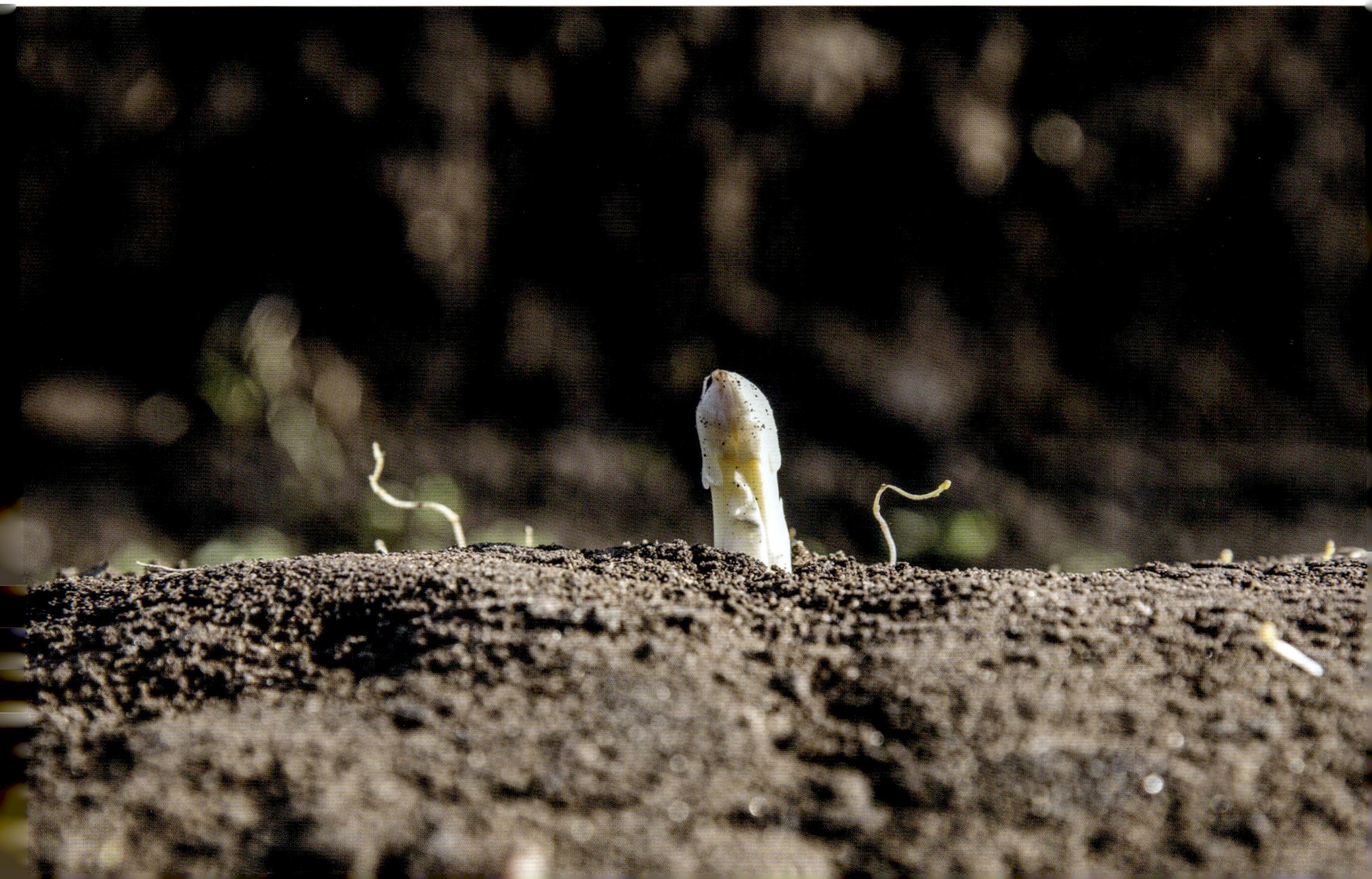

SUPPE

Suppe

Spargelsuppe ist nicht nur schnell gemacht – sie hat auch einen entscheidenden Vorteil. Für die Zubereitung genügt häufig der deutlich preiswertere Bruchspargel. Spargelsuppe lässt sich wunderbar aus den beim Spargelschälen anfallenden Schalen und Enden zubereiten. Die Spargelreste in einem Topf ca. eine halbe Stunde kochen und aus dem Spargelwasser anschließend mit den entsprechenden Zutaten die Spargelsuppe zaubern. Aber es geht auch raffiniert, wie Sie auf den folgenden Seiten sehen werden.

SPARGELKRAFTBRÜHE

mit Schinken-Grießnocken

Zutaten für 4 Personen

1,2 l Spargelsud (s. S. 49)
4 Spargelstangen, gekocht
1 Bund Schnittlauch

Kläransatz
250 g gewolfte Rinderwade
100 ml kalter Spargelsud
100 g roher Spargelbruch
1 Eiweiß

Schinken-Grießnocken
50 g Butter
100 g feinkörniger Nockerlgrieß
1 Ei
1 EL Wasser
Salz und frisch geriebener
    Muskat
60 g fein geschnittene Würfel
    von gekochtem Schinken

Kläransatz

Die gewolfte Rinderwade mit dem kalten Spargelsud (s.Seite 49), dem kleingeschnittenen Spargelbruch und dem Eiweiß vermengen und kurz kalt stellen. Danach die Kläransatzmasse mit dem kalten Spargelsud in einen Topf geben und vermischen, dass es eine gleichmäßige glatte Masse gibt. Nun das Ganze langsam, unter vorsichtigem Rühren zum Kochen bringen, bis sich an der Oberfläche eine Art gefestigter Kuchen bildet. Die Kraftbrühe mit dem Kläransatz nun ca. 30 bis 40 Min. ziehen lassen und anschließend vorsichtig durch ein feines Sieb abschöpfen. Die Kraftbrühe nochmals kurz aufkochen, damit die restlichen Eiweißschwebeteilchen nach oben kommen und mit Salz abschmecken.

Schinken-Grießnocken

Butter schaumig rühren, das Ei, den Grieß und das Wasser nach und nach einrühren. Zum Schluss den fein geschnittenen Schinken dazugeben und mit Salz und Muskat abschmecken. Nun ca. 30 bis 40 Min. im Kühlschrank quellen lassen. Danach mit Hilfe eines Kaffeelöffels gleichmäßige Nocken in siedendem Salzwasser abstechen und ca. 10 Min. leicht köchelnd ziehen lassen.

Anrichten

Die heiße geklärte Spargelkraftbrühe in einen heißen tiefen Teller geben. Als Einlage die kleingeschnittenen Spargelstücke sowie die Schinken-Grießnocken dazugeben und mit geschnittenem Schnittlauch dekorieren.

SPARGELCREMESUPPE
mit Nussbuttercroûtons
und Bärlauchpesto

Zutaten für 4 Personen

30 g Butter
50 g Mehl
700 ml Spargelsud (s. S. 49)
50 ml Weißwein, trocken
300 ml Sahne
Salz
1 Prise Zucker

Nussbuttercroûtons
2 Scheiben Toastbrot
100 g Butter

Bärlauchpesto
150 g junger Bärlauch
  (gewaschen)
30 g Pinienkerne, geröstet
30 g frisch geriebener Parmesan
100 ml Olivenöl
grobes Meersalz
Pfeffer aus der Mühle
etwas Zitronensaft

Suppe
Die Butter in einen Topf geben und erhitzen. Nun das feingesiebte Mehl einrühren und gut vermengen, damit es keine Klumpen gibt. Das Ganze sollte keine Farbe bekommen. Die Masse mit dem kalten Spargelsud (s.Seite 49), dem Weißwein und der Sahne auffüllen und ca. 15 bis 20 Min. köcheln lassen. Zum Schluss mit Salz, einer Prise Zucker und etwas Pfeffer abschmecken.

Nussbuttercroûtons
Die Toastscheiben von der Rinde befreien und in 1 bis 1,5 cm große Würfel schneiden. Nun die Butter in der Pfanne zum Schäumen bringen, bis Sie einen leicht nussigen Geschmack in der Nase haben. Die Toastwürfel in der gebräunten Butter so lange schwenken, bis sie goldbraun sind. Danach auf Küchenkrepp geben und warm stellen.

Bärlauchpesto
Den Bärlauch mit den Pinienkernen, dem Käse und dem Olivenöl im Mixer zu einer glatten Masse pürieren. Zum Schluss mit Salz, Pfeffer und etwas Zitronensaft abschmecken.

Anrichten
Die heiße Suppe mit etwas Schlagsahne mit dem Zauberstab luftig aufschlagen und in die Tasse geben. Nun die warmgestellten Croûtons darauf verteilen und mit etwas Bärlauchpesto garnieren.

Der besondere Tipp
Ein Löffel Sauce Hollandaise auf der Suppe gibt ihr eine besonders cremige und feine Note.

SPARGELVICHYSSOISE*

mit *jungem Frühlingslauch,*
Dill und Radieschen

Zutaten für 4 Personen

0,5 l kalter Spargelsud (s. S. 49)

300 g gekochte Kartoffeln ohne
    Schale

2 EL Crème fraîche

12 dünne Spargelstangen, gekocht

4 Radieschen

1 Bund junger Zwiebellauch

4 Dillzweige

Salz, Pfeffer aus der Mühle

Zubereitung

Der Name der kalten Suppe klingt komplizierter als ihre Herstellung eigentlich ist. Von den Spargelstangen die Köpfe abschneiden und die Hälfte der fein geschnittenen Stangen mit dem Spargelsud, den gekochten Kartoffeln, dem Weißen vom Zwiebellauch und der Crème fraîche in einen Mixer geben und fein pürieren. Mit Salz und Pfeffer abschmecken. In einen kalten tiefen Teller die übrigen Spargelstücke legen und mit der kalten Spargelsuppe aufgießen. Die Spargelspitzen sowie die feingehobelten Radieschen und das feingeschnittene Grüne vom Zwiebellauch auf der Suppe verteilen und mit den feinen Dillspitzen dekorieren.

Der besondere Tipp

Eignet sich besonders auch im Sommer als erfrischende Suppe mit noch übrig gebliebenem eingefrorenen Spargel.

* Vichyssoise ist eine kalte, gebundene Gemüsesuppe mit den Hauptzutaten Lauch, Kartoffeln und Sahne bzw. in diesem Fall zusätzlich mit Spargel.

GRÜNE SPARGELSCHAUMSUPPE
mit *Räucherforellentatar*
und Rote Bete

Zutaten für 4 Personen

Suppe
400 g grüner Spargel
1 Schalotte
50 g Butter
400 ml Gemüsefond
200 ml Sahne
Salz, Pfeffer
1 gekochte Rote Bete

Räucherforellentatar
200 g geräuchertes Forellenfilet
60 g Crème fraîche
einige Kerbelzweige
Blattpetersilie
Abrieb einer Bio-Zitrone

40 g Crème fraîche zum
    Garnieren
Dill, Blattpetersilie
Salz, Pfeffer

Suppe
Die geschälten Schalotten in feine Würfel schneiden. Den Spargel waschen und eventuell die holzigen Enden abschneiden oder abbrechen. Bis auf die Spitzen den restlichen Spargel in kleine Stücke schneiden. Nun die Butter im Topf erhitzen und die Schalottenwürfel darin andünsten und die Spargelstücke mit den Spitzen dazugeben und ca. 1 bis 2 Min. unter ständigem Rühren mitdünsten. Mit der Brühe und der Sahne ablöschen und ca. 8 bis 10 Min. sanft köcheln lassen. Die Spargelspitzen zum späteren Garnieren aus der Suppe nehmen und beiseitelegen. Die Suppe nun fein pürieren und durch ein grobes Küchensieb passieren. Mit Salz und Pfeffer abschmecken. Als Einlage die grünen Spargelspitzen in die Suppe geben.

Räucherforellentatar
Das geräucherte Forellenfilet in ganz feine Würfel schneiden und in einer Schüssel mit der Crème fraîche, dem fein geschnittenen Kerbel und der Petersilie vorsichtig vermengen. Nun den Abrieb der Zitrone dazugeben und mit Salz und Pfeffer abschmecken. Von einem dicken gekochten grünen Spargel den Kopf abschneiden und in 4 dünne Scheiben schneiden. Auf dem Spargelstreifen, der auf dem Tellerrand als Dekoration neben der Suppe als Grundlage dient, werden nun jeweils 3 gleichmäßige Nocken Tatar mit Hilfe zweier Teelöffel abgestochen und auf die Spargelstreifen gesetzt. Nun mit den geviertelten Rote Bete Scheiben (Durchmesser 3 cm), sowie Dill und Petersilienspitzen dekorieren. Final mit Hilfe einer Spritzflasche die Crème fraîche als Punkte dazwischensetzen.

Der besondere Tipp
Die Suppe bekommt eine besondere Frische und Leichtigkeit, wenn man vor dem Servieren einen Spritzer Sekt und einen Löffel Schlagsahne untermixt.

SPARGELCAPPUCCINO

mit

Muskat und Rosa Beeren

Zutaten für 4 Personen

400 g geschälte weiße Spargelstangen

2 Schalotten

25 g Butter

200 ml Geflügel- oder Spargelbrühe

150 ml Milch

Zucker, Himalaya-Salz

Muskatnuss

Rosa Beeren

4 Zweige Pimpinelle

Cappuccino

Die rohen Spargelstangen in kleine Stücke schneiden. Die geschälten, fein geschnittenen Schalotten in der Butter in einem Topf glasig dünsten. Die Spargelstücke hinzufügen und für 4 bis 5 Min. mitdünsten. Mit der Brühe aufgießen und für ca. 10 Min. weichkochen. Dann mit einem Stabmixer pürieren. Das Spargelpüree mit Salz und einer Prise Zucker abschmecken. Die Milch mit einer Prise Salz würzen und aufschäumen. Das Spargelpüree warm in einen Whiskytumbler geben und die Milchschaumhaube daraufsetzen. Zum Schluss den frisch geriebenen Muskat, die fein gehackten Rosa Beeren darüberstreuen und mit der Pimpinelle dekorieren.

FRÜHLINGSGEFÜHLE

Tipps und Tricks rund ums Spargelkochen

Frischen Spargel – ganz gleich, ob grün oder weiß – erkennt man an den sauberen und feuchten Schnittstellen. Ein Indiz für alten Spargel sind braune Stellen und rissige Enden.

SCHÄLEN

Ob für Links- und oder Rechtshänder: Es empfiehlt sich ein breiter Sparschäler, der hervorragend zum Schälen zwischen Daumen und Zeigefinger liegt.

Spargel wird immer von oben nach unten, vom Kopf zum Schnittende hin geschält. Dabei wird die Spargelspitze selbst natürlich ausgelassen. Beim Grünspargel muss man nur die untere Hälfte sparsam schälen.

Übermäßiger Geiz hat schon so manches Spargelessen verdorben. Spargel darf gerne dünn, sollte aber unbedingt gleichmäßig geschält werden. Achten Sie darauf, dass keine Stelle vergessen wird. Nach Möglichkeit sollte man nach unten hin etwas dicker schälen.

Erst nach dem Schälen sollten die holzigen Enden abgeschnitten werden. So prüfen Sie gleichzeitig, wie gut Sie geschält haben. Bei sehr frischem Spargel braucht lediglich ein kleines Stück (1 bis 2 cm), bei etwas älterem Spargel dürfen es auch 4 bis 5 cm sein, die abgeschnitten werden müssen.

KOCHEN

Spargel kann in einem größeren Topf liegend oder in einem speziellen Spargeltopf aufrecht stehend gekocht werden. Der Topf sollte in beiden Fällen nicht aus Aluminium gefertigt sein, da einige Inhaltsstoffe des Spargels mit Aluminiumoxid reagieren und sich die Stangen unschön gräulich verfärben können.

Entgegen der weitverbreiteten Meinung, Spargel solle in reichlich Wasser gekocht werden, sollte man nur so viel Wasser nehmen, dass die Stangen gerade bedeckt sind. Wird der Spargel aufrecht im Spargeltopf gekocht, kann man sogar noch etwas weniger Wasser in den Topf füllen. Hier garen die Köpfe bei geschlossenem Deckel im Dampf, da sie eine kürzere Kochzeit benötigen. Das Wasser umspült hier nur die unteren Stangenteile.

GAREN

Der Spargel entwickelt sein Aroma und seinen Eigengeschmack am besten, wenn man ihn in einem Sud aus den vorher ausgekochten Spargelschalen gart. Dieser sehr aromatische Spargelsud ist eine hervorragende Grundlage für sämtliche Arten von Spargelsuppen, Dressings, Mousses oder Vinaigrettes (s. S. 49).

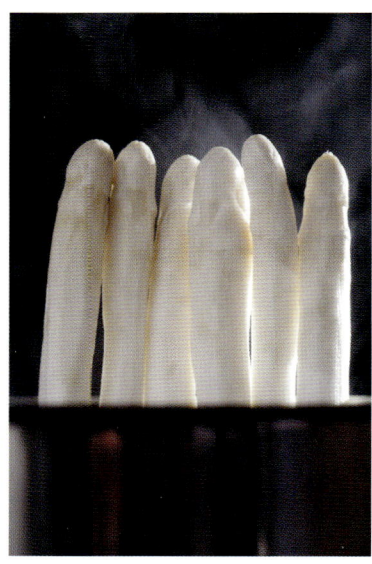

Wer die edlen Stangen besonders schonend zubereiten will, für den empfiehlt sich ein spezieller Spargeltopf. Hier gart der Spargel stehend und die Köpfe bleiben knackig, da sie nur dem Dampf ausgesetzt sind.

BRATEN

Geschälte Spargelstangen im Ganzen oder in Stücke geschnitten. In einer Pfanne oder in einem Wok mit etwas Erdnussöl unter gelegentlichem Drehen des Spargels rundherum goldbraun anbraten. Mit Salz, Pfeffer aus der Mühle und einem Spritzer Zitronensaft abschmecken.

GRILLEN

Den ganzen Spargel auf ein eingeöltes emailliertes Backblech legen, mit etwas Sonnen-blumenöl bepinseln, leicht salzen und pfeffern und unter dem vorgeheiztem Backofen auf höchster Stufe des Grills garen, bis er noch einen leichten Biss hat, dabei einmal wenden. Besonders lecker schmeckt er, wenn man ihn nach dem Garen – kurz vor dem Servieren – auf einem Blech in Kräuterbutter wendet.

DÄMPFEN

Die geschälten Spargelstangen in einen Dämpfereinsatz liegend und zugedeckt über dem fein abgeschmeckten Spargelsud ca. 15 bis 20 Min. schonend garen.

SOUS VIDE

Die Spargelstangen in Vakuumierbeutel nebeneinander legen, eine Prise Salz und Zucker sowie eine größere Butterflocke dazugeben und fest einvakuumieren. Den Beutel nun in das 80 °C heiße Wasserbad geben und ca. 30 bis 35 Min. pochieren. Das ist die schonendste Zubereitungsmethode, die gleichzeitig den Eigengeschmack des Spargels am stärksten hervorhebt.

AUFBEWAHRUNG

Am besten bewahrt man den vom Markt oder vom Spargelbauern frisch eingekauften Spargel ungeschält in einem feuchten Küchentuch im Gemüsefach des Kühlschranks auf. Hier empfiehlt sich eine Lagerzeit von höchstens 1 bis 2 Tagen. Ein weiterer Tipp: Sollte man zu Hause mehr Gäste erwarten, ist es beim Anrichten des Spargels eine wesentliche Arbeitserleichterung, wenn man vorher mit Küchengarn 5 bis 7 Stangen portionsweise zu kleinen Bündeln zusammenschnürt.

PORTIONIERUNG

Spricht man von einer klassischen Portion Spargel, begleitet von Kartoffeln und Fleisch oder Fisch, dann sind es geschält ca. 230 bis 250 g Spargel, das entspricht einem Rohge-wicht von 350 bis 375 g. Soll der Spargel die Hauptrolle bei einem Essen spielen, so rech-net man mit einem Pfund Spargel pro Person. In diesem Fall geht man vom Rohgewicht aus, geschält sind dies dann ca. 350 bis 375 g Spargel.

EINFRIEREN

Sollte man vom heimischen Spargel in der kurzen Saison nicht genug bekommen
können, kann man sich einen Vorrat anlegen. Spargel ist zum Einfrieren gut geeignet,
da er einen minimalen Qualitätsverlust hat. Die Vorgehensweise: Die Spargelstangen
waschen, schälen und roh im Gefrierbeutel oder auch in eine gut verschließbare Dose
legen. Hier kann man den Spargel im Tiefkühlfach bis max. 5 Monate aufbewahren.
Wichtig: tiefgekühlter Spargel muss zum Verarbeiten gefroren in einen vorbereiteten
Sud gegeben werden. Hier verringert sich die Garzeit im Verhältnis zu frischem Spargel
um ca.5 Minuten.

SPARGELSUD

Spargelsud für 4 Personen:

3,5 l Wasser
70 g Salz
Spargelschalen
150 g Zucker
100 g Butter
40 g Zitronensaft

Den Spargel schälen, die holzigen Enden abschneiden und entsorgen. Die Spargelschalen
waschen und in den Topf geben. Die restlichen Zutaten hinzugeben, einmal richtig aufkochen und ca. 20 bis 25 Min. ziehen lassen. Nun die ausgelaugten Spargelschalen entfernen.
Fertig ist der Spargelsud.

Die Garzeit des grünen Spargels ist um einiges kürzer (8 bis 10 Min.), als bei weißem
Spargel. Hier sollte man zwischendurch durch Abschneiden eines Stückes eine Probe
nehmen, um zu sehen, ob der Spargel noch einen leichten Biss hat. Im Kochsud für den
grünen Spargel verwendet man keinen Zucker, sondern nur Salz und Zitrone, da er im
Verhältnis zum weißen Spargel so gut wie gar keine Bitterstoffe hat.

WEISS-GRÜN-BLAUES WUNDER

Fragen und Antworten

━━━━━

Geschmacklich ist grüner Spargel etwas intensiver als der sogenannte „Bleichspargel", der seine elegante weiße Haut nur deshalb hat, weil er in Dämmen im Verborgenen wächst.

Was ist der Unterschied zwischen weißem, grünem und violettem Spargel?
Weißer Bleichspargel ist in Deutschland am weitesten verbreitet. Grüner Spargel wächst über der Erde und hat einen etwas herzhafteren Geschmack. Bei weißem Spargel mit violetten Spitzen wurde die Spargelstange erst gestochen, nachdem sie aus dem Boden herausgewachsen ist. Inzwischen gibt es auch durchgängig dunkelroten Spargel. Auch dieser wächst außerhalb der Erddämme, wird aber beim Kochen oder Braten grün. Geschmacklich unterscheiden sich die oft als „wilder Spargel" vermarkteten Stangen kaum von ihren grünen Verwandten.

Woran erkennt man frischen Spargel?
Frischen Spargel erkennt man an geschlossenen Spitzen und feuchten Spargelenden ohne Risse. Braune Längskerbungen deuten darauf hin, dass der Spargel schon ausgetrocknet ist. Wenn man die Spargelenden zwischen zwei Fingern zusammendrückt, muss Saft herausspritzen. Nur dann wurde der Spargel am selben Tag oder am Vorabend gestochen. Die Spargelstange muss straff und prall sein. Sie muss sofort brechen, wenn man versucht, sie zu biegen. Frische Spargelstangen, die man am Bund aneinander reibt, erzeugen einen quietschenden Ton.

Wie hält man Spargel frisch?
Achten Sie beim Spargelkauf darauf, dass die Schnittflächen noch saftig und die Köpfe geschlossen sind. Ungeschält, in ein feuchtes Tuch gewickelt, bleibt der Spargel im Gemüsefach des Kühlschranks 1 bis 2 Tage frisch.

Warum schmeckt mancher Spargel bitter und was kann man dagegen tun?
Möglicherweise war während des Anbaus das Wetter problematisch. Wachsender Spargel reagiert beispielsweise empfindlich auf Temperaturschwankungen und zu niedrige Bodentem-

Fast vergessen, aber immer häufiger auf den Märkten zu finden, ist violetter Spargel. Wie die anderen Sorten kann man ihn sowohl braten als auch kochen. Nur die schöne Farbe bleibt nicht erhalten. Nach dem Erhitzen nimmt er eine intensiv-grüne Farbe an.

peraturen. Ein weiterer Grund kann die unsachgemäße Ernte sein: Wird das Gemüse zu nah am Wurzelstock gestochen, kann der Spargel ebenfalls bitter werden. Dies ist häufig der Fall, wenn dasselbe Feld bereits mehrere Jahre hintereinander für den Anbau von Spargel genutzt wurde. Denn jedes Jahr wächst der Wurzelstock weiter zur Erdoberfläche. Normalerweise müssen dann die Spargeldämme erhöht werden, um den Vorgang zu verhindern. Ist dies nicht mehr möglich, schmeckt der geerntete Spargel bitter. Durch Zugabe einer kleinen Menge Zucker ins Wasser kann man dem Spargel etwas an Bitterkeit entziehen.

Darf man gekochten Spargel wieder aufwärmen?
Da Spargel zu den Gemüsesorten gehört, in denen wenig Nitrate enthalten sind, kann man ihn problemlos wieder aufwärmen.

Kann man Spargel auch roh essen?
Dies ist immer dann eine Delikatesse, wenn man ganz jungen, kaum fünf Millimeter dicken Spargel bekommt. Der schmeckt sogar ungeschält. Allerdings entfaltet die im Spargel enthaltene Asparaginsäure ihren Geschmack erst durchs Kochen.

Isst man Spargel nur mit Besteck oder darf man ihn auch mit den Fingern essen?
Der Streit ist uralt. Österreichs Kaiserin Maria Theresia bestand darauf, dass man Spargel „königlich" esse, d.h. nur mit den Fingern. Es ist allerdings nicht mehr wirklich üblich, zumal, wenn Spargel mit Beilagen und Saucen serviert wird. Doch auch heute zeichnet sich der wahre Liebhaber dadurch aus, dass er dem königlichen Gemüse die Ehre erweist und ihn nur mit den Fingern in die zerlassene Butter tunkt. Die Stangen dürfen dann allerdings nicht zu weichgekocht sein.

ZWI
Gericht
SCHEN

Wie man den Begriff „Zwischengericht" interpretiert, bleibt jedem selbst über-
lassen. Für die einen mag es die Ergänzung in einem mehrgängigen Menü sein,
für die anderen einfach ein Gericht so „zwischendurch". Auf jeden Fall steht fest:
Spargel kann man eigentlich zu jeder Tageszeit genießen. Und wenn man ein
bisschen plant, lassen sich einige Rezepte auch so vorbereiten, dass man nach
einem langen Arbeitstag nicht mehr viel kochen muss.

SPARGELQUICHE
*mit La-Ratte-Kartoffeln,**
Buchenpilzen und Rosa Beeren

Zutaten für 4 Personen

Mürbeteig
125 g eiskalte Butter
250 g Mehl
1 Ei
50 ml Wasser
3-4 g Salz

4 kleine Tarteformen (10 cm Ø)
zum Backen der Quiches

Royalmasse
3 Eier
200 ml Sahne
50 g feingeriebener Parmesan
Salz
Pfeffer
Muskat

Quiche
12 gekochte Spargelstangen
200 g gekochte La-Ratte-
    oder andere Früh-Kartoffeln
250 g Buchenpilze
1 Schalotte
30 g Butter
etwas Blattpetersilie
Rosa Beeren
Salz

Mürbeteig
Butter in kleine Stücke schneiden und mit dem Mehl, dem Ei und dem kalten Wasser sowie dem Salz einen glatten Teig herstellen. Diesen ca. 20 bis 30 Min. in Klarsichtfolie eingepackt im Kühlschrank ruhen lassen. Den Teig zu einer Kugel formen und mit Hilfe eines Rollholzes flach ausrollen. Eine Portions-Tarteform umgekehrt auf den Mürbeteig legen und damit den Teig ausschneiden. Die vier gebutterten Tarteformen mit dem Teig auskleiden, dabei einen 2 bis 3 cm hohen Rand hochziehen. Die Formen kurz ins Tiefkühlfach stellen.

Royalmasse
Die Eier mit der Sahne und dem Parmesan verrühren und mit den Gewürzen abschmecken.

Quiche
Die kleingeschnittenen Spargelstücke und die gleich groß gewürfelten Kartoffelstücke auf dem kühlen Teig verteilen. Nun die Royalmasse aufgießen und die Quiche im Ofen auf mittlerer Schiene bei 160 °C bis 180 °C Umluft etwa 25 bis 30 Min. backen, bis die Oberfläche schön braun ist.
Die Buchenpilze und die kleingeschnittenen Schalotten mit der Butter in einer Pfanne glasig dünsten und mit Salz abschmecken. Zum Schluss die frisch geschnittene Blattpetersilie und die Rosa Beeren zur Geschmacksverfeinerung hinzugeben. Mit der warmen Quiche servieren.

* Bei La-Ratte-Kartoffeln handelt es sich um eine alte französische Sorte. Die verhältnismäßig kleinen, mittelfrüh reifenden Kartoffeln haben eine dünne gelbe Schale sowie gelbes Fleisch mit nussigem Geschmack und sind länglich bis hörnchenförmig.

GEBACKENE OFENKARTOFFEL

mit Spargel-Schnittlauchquark

und Tomatentatar

Zutaten für 4 Personen

Ofenkartoffeln

4 große Baked Potatoes
    (Backkartoffeln)
120 g gekochtes Spargelragout
1 Bund Schnittlauch
Speisequark (10 %)
Salz, Pfeffer

Tomatentatar

4 große Tomaten
1 Knoblauchzehe
Olivenöl
Kräuter der Provence
Meersalz
Pfeffer aus der Mühle
1 Gartenkräutersträußchen

Ofenkartoffeln

Die Kartoffeln kochen. Den Speisequark mit dem Spargelragout und dem fein geschnittenen Schnittlauch in eine Schüssel geben und vermengen. Mit Salz und Pfeffer abschmecken. Die heißen Ofenkartoffeln über Kreuz einschneiden und aufdrücken. Nun den Spargelquark in die offenen Kartoffeln geben. Auf den Quark das Tomatentatar geben und mit verschiedenen Gartenkräutern dekorieren.

Tomatentatar

Die Tomaten über Kreuz einschneiden und in kochendes Wasser kurz eintauchen, bis sich die Haut löst. Danach sofort in kaltem Wasser abschrecken und die Haut rundum entfernen. Nun die Tomaten vierteln und das Kerngehäuse entfernen. Die Tomatenviertel flach auf ein Backpapier legen. Die feingeschnittene Knoblauchzehe mit dem Olivenöl und den Kräutern der Provence gleichmäßig auf die Tomatenzungen verteilen. Mit dem groben Meersalz, Pfeffer aus der Mühle und etwas Puderzucker würzen. Die Tomaten auf dem Backblech ca. 50 Min. bei 80 °C Umluft in den Ofen schieben. Danach die erkalteten Tomaten in kleine Würfel schneiden und als Tatar auf den Spargelquark anrichten. Zum Schluss mit einem gemischten Gartenkräutersträußchen garnieren.

SPARGEL-COUSCOUS
*mit Ras el-Hanout**
und Lammfilet

Zutaten für 4 Personen

Spargel-Couscous-Brühe
250 ml Spargelsud (s. S. 49)
1 Knoblauchzehe
1 Thymianzweig
1 Rosmarinzweig

Couscous
200 g feiner Couscous
80 g geschälte kleine rote
    Paprikawürfel
160 g klein geschnittene gekochte
    Spargelwürfel
80 g klein geschnittene
    Staudenselleriewürfel
Spargelsud
Ras el-Hanout
Paprikapulver, mild
frischer Koriander
14 Spargelspitzen, gekocht

4 Lammfilet
1 Zweig Rosmarin
Salz, Pfeffer
Olivenöl extra

Lammjus zum Anrichten

Spargel-Couscous-Brühe
Einmal alles zusammen aufkochen und auf 50 °C abkühlen lassen.

Couscous
Den Couscous in einer Schüssel mit dem Paprikapulver, etwas Ras el-Hanout, einem Schuss Olivenöl, Salz und Pfeffer trocken mischen. Nun von der Spargelbrühe etwa 5 EL zugeben, verrühren und 10 Min. zugedeckt quellen lassen. Danach mit der Gabel gut durchmengen und in einem Dampftopf ca. 20 Min. fertig dämpfen.
Vor dem Servieren den Couscous in der Pfanne mit den kleingeschnittenen Paprika-, Staudensellerie- und Spargelwürfeln erhitzen und mit Salz abschmecken.
Direkt vor dem Anrichten frisch geschnittenen Koriander zugeben, in eine Kaffeetasse oder Edelstahlhalbkugel pressen und auf die Mitte des Tellers stürzen.

Lammfilet
Die von Sehnen und Fett befreiten Lammfilets von allen Seiten mit Salz und Pfeffer würzen und in einer heißen Pfanne im Pflanzenöl mit einem Rosmarinzweig rundherum mit Farbe 1 bis 2 Min. anbraten. Vor dem Auftranchieren die Lammfilets im Backofen bei 70 °C ca. 8 bis 10 Min. ruhen lassen, damit beim Aufschneiden kein Fleischsaft austritt.

Spargelspitzen
Die Spargelspitzen in der Pfanne mit etwas Spargelbrühe und Olivenöl rundherum glacieren, mit Salz und Pfeffer abschmecken und direkt anrichten.

* Ras el-Hanout ist eine klassische marokkanische Gewürzmischung mit süßen, scharfen und bitteren Aromen. Insgesamt besteht die Mischung aus bis zu 25 Gewürzen.

SPARGEL-AUBERGINEN-LASAGNE
mit orientalischer
Chili-Curry-Sauce

Zutaten für 4 Personen

Spargel-Bechamelsauce:
25 g Butter
30 g Mehl
200 ml Sahne
200 ml Spargelsud (s. S. 49)
Salz

orientalische Chili-Curry-Sauce
2 Schalotten
1 Knoblauchzehe
50 g Butter
150 ml Geflügelfond
50 ml Kokosmilchrahm
½ TL Kurkuma
½ TL Madras-Curry
½ TL Harissa-Paste
½ TL Ras el-Hanout
Maisstärke
20 ml weißer Portwein oder
   halbtrockener Sherry

Lasagne
2 Auberginen
1 kg gekochter Spargel
200 g frisch geriebener Parmesan
4 konfierte Gewürztomaten
Chilifäden
Buschbasilikum
Salz
Pfeffer

Auberginen
Die gewaschenen Auberginen der Länge nach in ca. 5 bis 6 Millimeter dicke Scheiben schneiden und in einer Teflonpfanne von beiden Seiten goldbraun braten, salzen und auf Küchenkrepp legen.

Bechamelsauce
Die Butter in einen Topf geben und bei mittlerer Hitze aufschäumen. Nun das gesiebte Mehl nach und nach mit Hilfe eines Schneebesens in die Butter rühren, bis sich eine glatte Mehlschwitze bildet. Jetzt mit der kalten Sahne und dem kalten Spargelsud aufgießen und das Ganze ca. 15 Min. unter ständigem Rühren köcheln lassen. Mit Salz abschmecken.

Chili-Curry-Sauce
Die fein geschnittenen Schalotten und die Knoblauchzehe in der Butter im Topf mit wenig Farbe dünsten. Nun die Gewürze dazugeben, mitrösten und mit dem Portwein ablöschen. Jetzt mit dem Geflügelfond und der Kokosmilch auffüllen und 10 bis 15 Min. köcheln lassen, damit sich die Gewürze entfalten können. Mit der in Wasser angerührten Maisstärke zur gewünschten Konsistenz leicht abbinden und mit einem Zauberstab mixen.

Lasagne
Die gleichmäßig lang geschnittenen Spargelstangen mit der Bechamelsauce dazwischen und den Auberginenscheiben lagenweise in eine feuerfeste Auflaufform schichten. Die letzte Schicht sollte aus Auberginenscheiben bestehen. Zum Abschluss den geriebenen Parmesan darübergeben und bei 200 bis 220 °C im Backofen ca. 15 bis 20 Min. backen, bis der Käse schön braun ist.

Anrichten
Die portionierte Lasagne in die Mitte des Tellers setzen. Die orientalische Sauce um die Lasagne geben und mit einer Gewürztomate, den Chilifäden und dem fein gezupften Buschbasilikum dekorieren.

SPARGEL-PASTA

MIT SPINAT UND TOMATENPENNE,
Piccata von der Truthahnbrust
und rotem Paprikaschaum

Zutaten für 4 Personen

300 g gekochter bissfester Spargel
200 g gekochter Penne-Nudelmix
   (weiß und rot)

Piccata
4 Eier
Salz, Pfeffer
150 g geriebener Parmesan
Butterschmalz
4 Truthahnschnitzel à 120 g
150 g Mehl

Paprikasauce
1 Schalotte
2 rote Paprikaschoten
50 g Butter
1 Messerspitze Piment, mild
40 ml Weißwein, trocken
150 ml Geflügelbrühe
5 ml Sahne
Salz, Maisstärke

Spinat
1 Schalotte
400 g junger Spinat
50 g Butter
Salz, Pfeffer
Muskat

Pilze
200 g Shiitake-Pilze
30 g Butter
Olivenöl
Salz, Pfeffer

Piccata
Die Eier in einer Schüssel aufschlagen und mit Salz und Pfeffer gut verquirlen. Nun nach und nach den geriebenen Parmesan darunter rühren. In einer Pfanne das Butterschmalz erhitzen und die ungewürzten Truthahnschnitzel zuerst in Mehl wenden, dann durch die Ei-Parmesanmasse ziehen und in der Pfanne von beiden Seiten 2 bis 3 Min. goldbraun braten.

Paprikasauce
Die klein geschnittene Schalotte mit der kleingeschnittenen Paprika (ohne Kerngehäuse) in der nicht zu heißen Butter dünsten (2 bis 3 Min.). Nun das Gewürz hinzugeben, mit dem Weißwein ablöschen und mit der Geflügelbrühe und der Sahne auffüllen. Das Ganze ca. 15 bis 20 Min. köcheln lassen, mit dem Zauberstab fein pürieren und durch ein feines Sieb passieren. Mit Salz abschmecken und gegebenenfalls mit der mit Wasser angerührten Maisstärke abbinden.

Spinat
Die feingeschnittene Schalotte in der Butter im Topf glasig dünsten. Vom geputzten, gewaschenen Spinat einige Blätter für die Dekoration zum Schluss beiseitelegen. Dann den Spargel in die Pfanne geben. Erst nachdem der Spinat zusammengefallen ist, mit Salz, Pfeffer und frisch geriebenem Muskat würzen.

Shiitake-Pilze
Die in feinen Scheiben geschnittenen Shiitake-Pilze in heißer Butter mit etwas Olivenöl knackig braten und mit Salz und Pfeffer würzen.

Anrichten
Die zweifarbigen gekochten Pennenudeln mit den gleichmäßig geschnittenen Spargelstücken in einer Pfanne mit Olivenöl und etwas Butter farblos anschwitzen, mit Salz und Pfeffer würzen und auf den in der Mitte des Tellers angerichteten heißen Spinat geben. Nun das Truthahn-Piccata auf das Nudel-Spargel-Ragout setzen. Die gebratenen Shiitake-Pilze gleichmäßig um das Ragout verteilen und mit der heißen Paprikasauce beträufeln und mit dem beiseitegelegten Babyspinat dekorieren.

KALBSLEBER AN BALSAMICOSAUCE

mit cremiger Salbeipolenta,
gegrilltem grünen Spargel
im Apfelring und gebackenen Schalotten

Zutaten für 4 Personen

Balsamicosauce
200 ml Kalbsjus
50 ml alter Balsamicoessig
Maisstärke
Salz, Pfeffer

Grillapfel
1 Granny-Smith-Apfel

Gegrillter Spargel
12 grüne Spargelstangen
Salz, Pfeffer, Olivenöl,
Zitronensaft

Kalbsleber
600 g Kalbsleberscheiben
Butterschmalz
100 g Mehl

Salbeipolenta
150 ml Geflügelbrühe
150 ml Milch
60 g Butter
1 Knoblauchzehe
1 kleiner Bund Salbei
½ Schalotte
50 g feiner Polentagrieß

Gebackene Schalotten
8 Schalotten
200 ml Sonnenblumenöl zum
    Ausbacken

Balsamicosauce
Die Kalbjus mit dem Balsamicoessig zusammen verkochen und – wenn notwendig – mit angerührter Maisstärke auf die nötige Konsistenz abbinden. Mit Salz und Pfeffer abschmecken.

Grillapfel
Den Apfel schälen und das Kerngehäuse mittels eines Apfelausstechers entfernen. Den Apfel in vier gleichmäßig dicke Scheiben schneiden und in einer Grillpfanne ohne Fett von beiden Seiten je 1 bis 2 Min. grillen.

Gegrillter Spargel
Von den grünen Spargelstangen den holzigen, unteren Teil abbrechen. Nun die Spargelstangen in einer Grill- oder Teflonpfanne mit etwas Olivenöl von allen Seiten rundum 3 bis 5 Min. grillen, bis der Spargel noch einen leichten Biss hat. Kurz vor dem Servieren mit Salz, Pfeffer und Zitronensaft würzen.

Kalbsleber
Die Kalbsleberscheiben von beiden Seiten in Mehl wenden und in der heißen Pfanne mit Butterschmalz von beiden Seiten mit leichter Farbe anbraten, sodass die Leber innen noch leicht rosa ist. Erst am Schluss mit Salz und Pfeffer würzen, da sie sonst zu hart wird.

Salbeipolenta
Die Geflügelbrühe mit der Milch zusammen im Topf aufkochen. Die Butter mit dem Knoblauch, der Schalotte und einem Salbeistengel in einem Topf so lange kochen, bis eine braune, nussig riechende Butter entsteht. Nun den Polentagrieß und danach die passierte Nussbutter langsam in die Flüssigkeit einrühren, bis eine cremige Polenta entsteht. Die Polenta ca. 3 bis 5 Min. bei schwacher Hitze weiter rühren, bis sie komplett gequollen ist. Nun fünf fein geschnittene Salbeiblätter hinzugeben und mit Salz und Pfeffer abschmecken.

Gebackene Schalotten
Die Schalotten in 2 mm feine Scheiben schneiden und mit Mehl bestäuben. Nun die Schalottenringe bei ca. 160 °C bis 180 °C im Fettbad goldgelb backen. Danach auf ein Küchenkrepp legen und warm stellen.

Der besondere Tipp
Grüner Spargel eignet sich besonders gut zum Grillen, weil er eine kürzere Garzeit als weißer Spargel hat. Den Apfel in vier gleichmäßige dicke Scheiben schneiden und in einer Grillpfanne ohne Fett von beiden Seiten je 1 bis 2 Min. grillen.

EIN PERFEKTER BEGLEITER

Der richtige Wein zum Spargel.
Von Sommelière Natalie Lumpp

———

Wein und Spargel sind wie füreinander geschaffen. Ob der gute Tropfen aus Baden oder vom Bodensee kommt – mit der Auswahl des Weines trägt man erheblich dazu bei, dass das Ganze miteinander harmoniert.

Zu einem kaiserlichen Genuss werden die wunderbaren Gerichte von Martin Scharff natürlich mit der passenden Weinbegleitung! Ich schwöre, wenn Wein und Essen sich perfekt ergänzen, schmeckt er nochmal so gut – und Sie trinken Ihr Glas doppelt so gern aus! Sie brauchen auch keine Sorgen zu haben, die Kombinationen sind denkbar einfach. Leichte Weine mit wenig Säure passen mit Spargel immer gut, während Barrique-gereifte und schwere Weine sich eher schwertun.

Insgesamt bin ich ein großer Fan regionaler Weine zu Spargelgerichten. In Baden zu Hause sind wir natürlich mit einer reichen Auswahl verwöhnt. Diese Weine werden nicht zu sehr vom Alkohol dominiert, und sie bringen in aller Regel mehr Leichtigkeit und Frucht mit. Über viele Jahre galt Silvaner als Wunderwaffe zu Spargel – und soll ich ehrlich sein – Silvaner und Spargel sind wirklich wie füreinander geschaffen! Sie bringen eine wunderbare Mischung aus erdigen und floralen Aromen – gepaart mit wenig Säure.

VORSPEISEN

Wirklich spannend machen es natürlich die Zubereitungen der Gerichte. Zu Martin Scharffs Vorspeisen, wie beispielsweise die Spargelchartreuse mit Tatar von der Lachsforelle oder der grüne Spargel mit gepfeffertem Thunfisch, würde ich Ihnen unbedingt einen Sauvignon Blanc empfehlen. Ob als Klassiker von der Loire (Sancerre oder Pouilly Fumé), aus der Steiermark, aus Neuseeland oder aus der Pfalz – Sauvignon Blanc beeindruckt mit seiner kernigen und pikanten Art. Die Aromen erinnern an exotische Früchte und präsentieren sich meist auch etwas vegetal. Eine ideale Ergänzung mit frischen Kräutern, Curry und asiatisch angehauchten Gerichten. Noch ein wenig leichter und filigraner zeigen sich die Müller-Thurgau, die heute eher unter der Bezeichnung Rivaner erhältlich sind. Meine Favoriten kommen vom Bodensee – sie haben immer wenig Alkohol, wenig Säure und riechen und schmecken wie eine Frühlingswiese! Rivaner sollte unbedingt so jung und frisch wie möglich kredenzt werden.

SUPPEN

Allgemein gelten Suppen eher als schwierige Partner, wenn es um die perfekte Weinbegleitung geht. Ich liebe aber diese Herausforderungen! Cremige oder gebundene Suppen verlangen regelrecht nach weichen und runden Burgunderweinen. Ob Weiß- oder Grauburgunder, Auxerrois oder Chardonnay – solange sie nicht zu viel Alkohol mitbringen und nicht gerade als Spätlesequalität ausgebaut sind, schmiegen sie sich perfekt an. Am besten greifen Sie zu einem Weißburgunder Kabinett trocken. Ein Knaller – besonders zum Spargelcappuccino mit Muskat und Rosenpfeffer – ist für mich ein guter Rosé! Seit einigen Jahren hat sich Rosé regelrecht etabliert – und ich sage Ihnen: Die Qualität der Roséweine war noch nie so gut! Die Winzer nehmen heute nur ausgesuchte, kerngesunde Trauben, sodass die Weine an Feinfruchtigkeit kaum zu übertreffen sind. Die meisten Roséweine bestechen mit ihrer cremigen Struktur, will heißen, einer eher milden Säure.

ZWISCHENGERICHTE

Die herzhafteren Zubereitungen mit dem Spiel der vielen Gewürze verlangen nach würzigeren Weinen. Hier kommt ein Grauburgunder so richtig zum Zuge – kernig mit nussigen Aromen, manchmal auch an Sandelholz, Kardamom oder frisch geriebene Muskatnuss erinnernd. Zu den Gerichten mit Lammfilet oder Kalbsleber kommt natürlich ein Rotwein so richtig zur Geltung. Mein Favorit wäre ein Spätburgunder. Schon in jungen Jahren präsentiert er sich samtig weich mit verführerischer Kirschfrucht. Nun weiß ich allerdings, dass viele Weinliebhaber vom Spätburgunder so gar nicht angetan sind – eine gute Alternative wäre in diesem Falle ein Rotwein aus der Toskana. Sie sind dort ebenfalls nicht so Tannin-betont, und bestechen eher mit Feinheit und Eleganz.

HAUPTGERICHTE

Natürlich verlangen Schmorgerichte, wie Kalbsbäckchen oder Ochsenschwanz nach einem warmen und kraftvollen Rotwein! Ob Lemberger, Syrah oder eine Rotweincuvée – sie unterstützen regelrecht das Fleisch. Die anderen Spargelgerichte benötigen als Begleitung kräftigere Weißweine. Ein Silvaner als Spätlese ausgebaut oder Weiß- und Grauburgunder – letztere aber nicht im Barrique gereift – sind wie geschaffen zu den Gerichten, wie beispielsweise zum Schwäbisch-Hällischen Landschwein und gefüllten Perlhuhnbrüstchen. Zum Wiener Schnitzel ist immer der Klassiker aus Österreich unschlagbar: Grüner Veltliner.

DESSERT

Haben Sie schon mal Spargel zum Dessert gegessen, bevor Sie dieses Buch kannten? Da zaubert Martin Scharff eine regelrechte Erlebnisküche! Und wenn schon so etwas Besonderes auf den Tisch kommt, sollten Sie es unbedingt mit dem passenden Wein toppen. Sicherlich haben Sie schon davon gehört, dass „süß und süß" sich gegenseitig aufheben. Wenn Sie einen Dessertwein, wie eine Auslese, Beerenauslese, Eiswein, etc. mit einem süßen Dessert probieren, werden Sie überrascht sein, dass der Wein in dieser Verbindung viel trockener schmeckt! Zur Panna Cotta mit Spargel und Ingwer oder zum Spargel-Macaron passt eine Riesling-Auslese herrlich. Meist kommen die Auslesen mit nur 7,5 bis 9 Prozent Alkohol wirklich leicht und sehr erfrischend daher. Zu den beiden anderen Desserts sollten Sie zu einem konzentrierten und süßeren Dessertwein greifen, wie eine Muskateller Beerenauslese. Bei jedem Schluck werden Sie verstehen, dass von dem „Nektar der Götter" gesprochen wird!

Zum *Wohl!*

Haupt

Es muss ja nicht immer nur der Klassiker sein: Spargel, Schinken, Kartoffeln und
Sauce Hollandaise. Dagegen ist zwar überhaupt nichts einzuwenden, aber ein biss-
chen Abwechslung in der Frühjahrsküche sorgt für neue Geschmackserlebnisse.
Probieren Sie es aus – Sie werden überrascht sein, wie vielseitig Spargel sein kann.

GE
RIC
HT

SPARGELBURGER

mit

Grillschinken, Tomaten
und Estragon-Pfeffermayonnaise

Zutaten für 4 Personen

Estragon-Pfeffermayonnaise
2 Eigelb
200 ml Pflanzenöl
4 Zweige französischer Estragon
Himalaya-Salz
Pfeffer aus der Mühle
1 Spritzer Worcester-Sauce
1 TL Dijon-Senf
1 Spritzer Zitronensaft

Burger
4 große Hamburger Brötchen
20 Spargelspitzen, knackig
    gekocht und kurz gegrillt,
    ca. 9-10 cm lang
240 g Grillschinken in Scheiben
2 Tomaten in Scheiben
250 g Estragon-Pfeffermayonnaise
1 kleiner Kopf-Eisbergsalat
1 Bund Rucola
4 Rindfleisch-Patties à 120 g aus
    der Grillpfanne
100 ml Barbecue Sauce

Mayonnaise
Die Eigelbe in eine Schüssel geben und mit Hilfe eines Schneebesens mit dem Senf verrühren. Das Öl nach und nach und unter ständigem Rühren langsam in die Eigelbe geben, sodass eine Emulsion (Bindung) entsteht. Es ist daher sehr wichtig, dass die Eigelbe und das Öl die gleiche Temperatur haben. Nun mit Salz und der Worcester-Sauce und dem Pfeffer aus der Mühle, die Mayonnaise abschmecken. Zum Schluss den fein geschnittenen Estragon dazugeben.

Burger
Die Hamburger Brötchen halbiert im Backofen bei 140 °C ca. 3 bis 4 Min. erwärmen, bis sie leicht knusprig sind. Auf die untere Hälfte des Brötchens den gewaschenen Eisbergsalat geben, dann die noch warmen Spargelspitzen sowie den saftig gegrillten Rindfleisch-Patty darauflegen. Nun die Estragon-Pfeffermayonnaise, die Grillschinken- und Tomatenscheiben sowie den lauwarm gewaschenen Rucola darauflegen. Dann den Brötchendeckel zum Abschluss aufsetzen.

PS: Je nach Geschmack passt auch noch eine rauchige Barbecue Sauce dazu.

SPARGELRISOTTO

mit Rucola,

Gewürztomaten und Parmesansegel

Zutaten für 4 Personen

Risotto

250 g Aquarello Risotto-Reis
    (Carnaroli Reis)

12 Spargelstangen, geschält

50 g Butter

½ Knoblauchzehe

1 Schalotte

125 ml Weißwein, trocken

600 ml Geflügelfond, hell

80 g frisch geriebener Parmesan

50 ml Schlagsahne

Salz, Pfeffer

100 g Rucola

1 Bio-Zitrone

Gewürztomaten

250 ml Olivenöl

Meersalz

1 Sternanis

5 Pimentkörner

10 Pfefferkörner

5 Wacholderbeeren

2 Lorbeerblätter

Thymianzweig

4 Kirschtomaten

Zum Ausbacken des Rucola

100 ml Sonnenblumenöl

Parmesansegel

100 g frisch geriebener Parmesan

Risotto

Vom geschälten Spargel die Spitzen abschneiden. Den Rest in 1 cm dicke Stücke schneiden. In der zerlassenen Butter die Knoblauchzehe und die feinen Schalottenwürfel sowie die Spargelstücke andünsten. Nun den Reis zufügen und glasig dünsten. Mit dem Weißwein ablöschen und langsam verdampfen lassen. Auf mittlere bis kleine Hitze zurückschalten und nach und nach unter ständigem Rühren den Geflügelfond zum Reis geben. Immer erst nachgießen, wenn der Reis die komplette Flüssigkeit aufgenommen hat. Nach ca. 8 bis 10 Min. die Spargelspitzen hinzugeben und weitere 10 Min. mitgaren lassen, bis das Risotto noch einen al-dente-Biss hat. Nun zur Vollendung ganz zum Schluss den geriebenen Parmesan, ⅔ des fein geschnittenen Rucolas und die Schlagsahne unterheben. Mit Salz und Pfeffer abschmecken. Jetzt darf er auf keinen Fall mehr kochen. Als geschmackliche Raffinesse auf den angerichteten Risotto frisch geriebenen Zitronenabrieb geben.

Gewürztomaten

Das Olivenöl mit dem groben Meersalz und den Gewürzen einmal kräftig aufkochen lassen. Die Kirschtomaten dazugeben und im Öl köcheln lassen, bis sie leicht aufplatzen. Nun auf die Seite stellen und 15 bis 20 Min. durchziehen lassen.

Rucola

⅓ des Rucola im Fettbad bei ca. 150 °C bis 160 °C frittieren, bis er schön knusprig ist. Danach auf Küchenkrepp legen und vor dem Anrichten leicht salzen. Ganz zum Schluss ein paar frittierte Blätter auf den fertig angerichteten Teller geben.

Parmesansegel

Den ganzen Parmesan mit Hilfe eines Küchenhobels in lange feine Streifen hobeln. Nun als Dreieck flach geformt auf ein Backpapier legen und im Backofen bei 160 °C bis 180 °C so lange backen, bis die Parmesanraspel ineinander verlaufen sind und eine goldgelbe Farbe haben. Danach aus dem Ofen nehmen und erkalten lassen. Das knusprige Parmesansegel beim Anrichten des Risottos einfach aufrecht in die Mitte setzen.

Der besondere Tipp

Je qualitativ hochwertiger der Risotto-Reis, desto länger behält das Korn seine Bissfestigkeit.

SPARGELSTANGEN

mit *gefülltem Perlhuhnbrüstchen,*
Crêpe und Morchel-Kerbel-Hollandaise

Zutaten für 4 Personen

20 Stangen gekochter Spargel
4 Perlhuhnbrüstchen
1 Bund Kerbel
1 Zweig Thymian

Brüstchenfüllung
100 g Putenbrust, fein gewürfelt
    (sehnenfrei)
100 ml flüssige Sahne
200 g fein gehackte Morcheln,
    gedünstet
80 g blanchierte, fein geschnittene
    Gemüsewürfel (Karotte,
    Sellerie, Lauch)
½ Bund Kerbel
Cognac, Madeira
Salz, Pfeffer

Kräutercrêpes-Teig
60 g Mehl, gesiebt
150 ml Milch
2 Eier
1 Prise Salz
20 g flüssige Butter
5 Zweig Blattpetersilie
1 Bund Schnittlauch
1 Estragonzweig
3 Blätter Basilikum
5 Kerbelzweige

Sauce Hollandaise
125 g Butter
2 Eigelb
4 EL Weißwein, trocken
1 Spritzer frischer Zitronensaft
100 g gedünstete, fein geschnittene
    Morcheln
½ Bund Kerbel
Salz, Pfeffer aus der Mühle
1 Spritzer Tabasco

Brüstchenfüllung
Aus der fein gewürfelten gesalzenen Putenbrust mit der kalten, flüssigen Sahne in einer Küchenmaschine (z. B. Moulinette) zu einer feinen Farce verarbeiten, in dem man zu der Putenbrust beim Mixvorgang nach und nach die Sahne hinzugibt, bis eine cremige Konsistenz entsteht. Die Masse mit Hilfe eines Küchenspatels dann in einer Schüssel glattrühren. Nun die Morcheln, die Gemüsewürfel und den fein geschnittenen Kerbel dazugeben, mit etwas Cognac und Madeira verfeinern und mit Salz und Pfeffer abschmecken.

Kräutercrêpes-Teig
Milch und Mehl mit einem Schneebesen glattrühren. Nun die restlichen Zutaten mit der flüssigen Butter zuletzt unterrühren und ca. 10 bis 15 Min. ruhen lassen. Vor dem hauchdünnen Ausbacken in der Pfanne die frisch geschnittenen Kräuter daruntergeben.

Perlhuhnbrüstchen
In die Perlhuhnbrüstchen eine Tasche einschneiden und mit Hilfe eines Spritzbeutels mit großer Lochtülle die mit Salz und Pfeffer gewürzten Brüstchen mit der Farce füllen, bis sie schön bauchig sind. Mit einem kleinen Holzspieß verschließen. Nun die Brüstchen auf der Hautseite knusprig anbraten, kurz drehen und dann auf der Hautseite in der Pfanne mit einem Thymianzweig auf einem Gitter im Backofen ca. 10 bis 15 Min. bei 150 °C bis 160 °C bei Umluft garen.

Sauce Hollandaise
Butter einmal aufkochen und beiseitestellen. Eigelbe mit dem Weißwein in einer Schüssel auf einem Wasserbad mit dem Schneebesen schaumig schlagen, bis eine dicke, cremige Konsistenz entstanden ist. Nun von der Hitze nehmen. Die noch warme Butter tropfenweise langsam komplett einrühren. Die fertige Sauce mit dem Zitronensaft und den restlichen Gewürzen abschmecken. Zum Schluss den fein geschnittenen Kerbel sowie die Morcheln daruntergeben.

SCHWÄBISCH-HÄLLISCHES LANDSCHWEIN*

im BROT-SCHINKENMANTEL AN DIJONSENFSAUCE
mit KONFIERTEN KARTOFFELN UND *gegrilltem Spargel*

Zutaten für 4 Personen

Konfierte Kartoffel

500 g festkochende geschälte
Kartoffeln
500 ml Olivenöl
grobes Meersalz
1 Zweig Majoran
½ Knoblauchzehe

Farce

100 g Schweinefiletspitzen ohne
    Fett und Sehnen
100 g Sahne
Salz, Pfeffer, etwas Sherry

Schweinefilet

2 von Sehnen befreite
    Schweinefilets
4 Scheiben Tramezzinibrot
8 bis 10 Scheiben Kochschinken
100 g Putenfarce

Spargel

16 knackig gekochte Spargelstangen
5 cl Erdnussöl
100 ml geklärte Butter

Dijon-Senfsauce

150 ml Kalbgrundsauce (Jus)
50 ml Sahne
1 TL Dijon-Senf
Maisstärke
Salz, Pfeffer
1 Thymianzweig
2 cl halbtrockener Sherry

Konfierte Kartoffel

Die geschälten Kartoffeln in 3 x 3 cm große Würfel schneiden und mit dem mit Meersalz gewürzten Olivenöl, dem Knoblauch und dem Majoran bei ca. 80 °C etwa 20 bis 25 Min. im Backofen garen. Diesen Vorgang nennt man auch konfieren.

Farce

Die rohen Filetspitzen in kleine Würfel schneiden, mit Salz, Pfeffer würzen und mit Sherry marinieren. Nun in der Moulinette mit der nach und nach zugegebenen eiskalten Sahne eine Farce herstellen.

Schweinefilet

Das Schwäbisch-Hällische Landschwein ist eine lokale Spezialität. Wenn Sie es nicht bekommen können, müssen Sie beim Metzger Ihres Vertrauens auf Filet lokaler Rassen ausweichen. Das Tramezzinibrot zwischen zwei Klarsichtfolien mit Hilfe eines Rollholzes dünn ausrollen. Nun die Farce dünn auf das Tramezzinibrot aufstreichen und komplett mit Schinken belegen. Das gleichmäßig zugeschnittene Schweinefilet darauflegen und mit Salz und Pfeffer würzen. Das Ganze auf eine Klarsichtfolie geben und mit Hilfe der Folie zu einer Rolle formen. Die Rolle nun auf die Alufolie setzen, zusammenrollen und wie ein Bonbon mit Spannung links und rechts gleichzeitig zusammendrehen. Die Rolle im Wasserbad oder im Dämpfer bei 70 °C bis 80 °C ca. 25 bis 30 Min. pochieren. Danach an einem warmen Ort 10 bis 15 Min. ruhen lassen. Das ausgepackte Schweinefilet im Brotmantel dann rundherum von allen Seiten mit etwas geklärter Butter (50 ml) in einer Teflonpfanne goldbraun anbraten und in gleichgroße Tranchen schneiden.

Gegrillter Spargel

Vom knackig gekochten Spargel großzügig die Spitzen abschneiden. Aus dem Rest des Spargels ein kleines Ragout schneiden. Nun die Spargelspitzen mit wenig geklärter Butter von allen Seiten in einer Grillpfanne (oder auf dem Elektrogrill) grillen, bis er noch einen leichten Biss hat. Etwas später die Spargelwürfel dazugeben und ebenfalls mitgaren. Zum Schluss mit Pfeffer und Salz abschmecken.

Sauce

Den Kalbjus mit der Sahne und dem Thymian verkochen und mit Salz und Pfeffer abschmecken. Zur nötigen Konsistenz mit Maisstärke abbinden, die zuvor mit Wasser oder Weißwein angerührt wurde. Das Ganze mit Senf und Sherry verfeinern.

Anrichten

Die Schweinefilettranchen in die Mitte des Tellers geben. Die gegrillten Spargelspitzen um das Schweinefilet legen. Mit der Senfsauce beträufeln und mit Majoran dekorieren.

* Schwäbisch-Hällisches Landschwein ist eine alte Hausschweinrasse aus dem namensgebenden Landkreis Schwäbisch Hall. Charakteristisch ist sein schwarzer Kopf.

SPARGEL-KARTOFFELSTRUDEL

MIT *Kalbsbäckchen*

und Madeira-Kräuterrahm

Zutaten für 4 Personen

Kalbsbäckchen

1 kg Kalbsbäckchen, pariert
Pflanzenöl
1 Zwiebel
1 Karotte
¼ Lauchstange
¼ Knolle Sellerie
1 EL Tomatenmark
1 Thymian- und 1 Rosmarinzweig
5 Wacholderbeeren
2 Lorbeerblätter
10 weiße Pfefferkörner
250 ml Rotwein
125 ml Madeira

Strudelteig

300 g Mehl
50 ml Pflanzenöl
150 ml Wasser
Salz

Spargel-Kartoffelstrudel

16 Stangen mit Biss gekochter Spargel
120 g geschnittene, blanchierte
Würfel von Karotte und Sellerie
400 g mehligkochende Kartoffeln
50 g Butter
1 Bund Schnittlauch
50 ml Milch
frisch geriebener Muskat
Eigelb-Sahnemischung (1:1)
 (1 Eigelb, 25 ml Sahne)

Saucen

250 ml Sahne
40 ml Madeira
Speisestärke
¼ Bund Kerbel
1 Zweig Blattpetersilie
1 Estragonzweig
3 Basilikumblätter

Kalbsbäckchen

Die Kalbsbäckchen von allen Seiten mit Salz und Pfeffer würzen und in heißem Pflanzenöl rundherum anbraten. Die Bäckchen kurzzeitig aus dem Topf nehmen und das kleingeschnittene Gemüse darin ebenfalls anbraten. Nun das Tomatenmark hinzugeben und ebenfalls mitrösten. Jetzt die Kräuter und Gewürze dazugeben und mit dem Rotwein und Madeira mehrmals nach und nach ablöschen, bis das Wurzelgemüse glaciert ist. Nun die Bäckchen wieder dazugeben, mit Wasser bedeckt auffüllen und ohne Deckel ca. 1 bis 1,5 Stunden langsam auf dem Herd oder bei Umluft im Backofen bei 120 °C langsam köcheln lassen, bis sie butterweich sind und von selbst von der Gabel fallen. Die ausgestochenen Bäckchen nun an einen warmen Ort stellen und den Fond durch ein feines Sieb passieren.

Strudelteig

Das Mehl mit den restlichen Zutaten in einer Schüssel zu einem geschmeidigen Teig kneten. Nun den Teig einölen und mit Hilfe von Klarsichtfolie eingewickelt an einem kühlen Ort ca. 30 Min. ruhen lassen.

Spargel-Kartoffelstrudel

Aus den gekochten, durchgepressten Kartoffeln mit der flüssigen Butter und der heißen Milch einen Kartoffelstampf herstellen. Den fein geschnittenen Schnittlauch sowie die Gemüsewürfel daruntergeben und mit Salz und Muskat abschmecken. Mit Hilfe eines Rollholzes den Strudelteig zu 60 Prozent dünn ausrollen. Die restlichen 40 Prozent des Teiges mit Hilfe des Handrückens dünn ausziehen, in der Größe von 40 bis 50 cm breit und 30 bis 40 cm lang. Dann auf ein mit Mehl bestäubtes Küchentuch geben. Nun am Anfang des Teiges einen Sockel mit der Kartoffelmasse aufbauen, sodass 2 Stangen hintereinander und 4 Stangen nebeneinander darauf passen. Nun wieder Kartoffelmasse, dann wieder den Spargel und zum Abschluss wieder Kartoffelmasse aufeinander schichten. Das Ganze mit dem Strudelteig dünn umlegen. Den restlichen Strudelteig mit flüssiger Butter beträufeln und mit Hilfe des Küchentuches das Ganze zu einem Strudel aufrollen. Den Strudel auf ein Backblech geben und mit der Eigelb-Sahne-Mischung rundherum einpinseln. Im Ofen bei Heißluft bei 200 °C bis 220 °C circa 25 bis 30 Min backen, bis er eine schöne goldbraune Farbe bekommt.

Gegrillter Madeira-Kräuterschaum und dunkler Madeirajus

Von dem abpassierten Kalbsbackenfond die Hälfte mit der flüssigen Sahne zur gewünschten Konsistenz einkochen und mit Salz und Pfeffer abschmecken. Kurz vor dem Servieren die fein geschnittenen Küchenkräuter und den Madeira mit dem Zauberstab darunter mixen. Den Rest des Kalbsbackenfonds zu einer dunklen Jus reduzieren. Wenn notwendig, mit etwas angerührter Speisestärke nachbinden und ebenfalls mit Salz und Pfeffer und etwas Madeira abschmecken.

ONSEN-EI* AN GRÜNEN SPARGELSPITZEN

mit *geschmortem Ochsenschwanz,*
Kartoffelschaum und Kartoffelstroh

Zutaten für 4 Personen

Spargelspitzen
20 grüne blanchierte
    Spargelspitzen
100 g Butter
Spargelsud (s. S. 49)
Salz
4 Zweige Kerbel zur Dekoration

Ochsenschwanz
1 kg geschnittene Ochsen-
    schwanzstücke
1 EL Tomatenmark
Pflanzenöl
100 g Sellerie
200 g Zwiebel
100 g Karotte
¼ Lauchstange
5 Thymianzweige
½ Knolle Knoblauch
3 Lorbeerblätter
10 Pfefferkörner
5 Pimentkörner
1/4 l Rotwein
1/8 l Portwein

Kartoffelschaum
200 g mehligkochende Kartoffeln
100 ml Milch
35 ml Kartoffelwasser
20 g Butter
Salz, Muskat

Onsen-Ei
4 Eier

Kartoffelstroh
250 g festkochende Kartoffeln
125 ml Öl zum Frittieren

Spargelspitzen
Die Spargelspitzen in der Butter und dem Spargelsud in einer Pfanne bis zur nötigen Konsistenz reduzieren, bis sie rundherum glasiert sind. Mit Salz abschmecken.

Ochsenschwanz
Die Ochsenschwanzstücke von allen Seiten mit Salz und Pfeffer würzen und in heißem Pflanzenöl rundherum anbraten. Die Ochsenschwanzstücke aus dem Topf nehmen und das klein geschnittene Gemüse darin ebenfalls anbraten. Nun das Tomatenmark hinzugeben und ebenfalls mitrösten. Jetzt die Kräuter und Gewürze dazugeben und mit dem Rotwein und Portwein mehrmals nach und nach ablöschen, bis das Wurzelgemüse glaciert ist. Nun den Ochsenschwanz wieder dazugeben, mit einem Liter Wasser auffüllen, bis er bedeckt ist und ohne Deckel ca. 1,5 bis 2 Stunden langsam auf dem Herd oder bei Umluft im Backofen bei 140 °C langsam köcheln lassen, bis sich die Filets leicht zwischen den Knochen lösen lassen. Die ausgelösten Fleischfilets zu einem feinen Ragout schneiden. Den Schmorfond durch ein Sieb passieren und so lange einkochen lassen, bis er einen intensiven Eigengeschmack hat. Jetzt das feine Ragout mit der Sauce vermengen und mit Salz und Pfeffer abschmecken. Wenn notwendig, mit angerührter Maisstärke zur gewünschten Konsistenz abbinden.

Kartoffelschaum
Die Kartoffeln kochen und durch ein feines Sieb streichen. Das Kartoffelwasser mit Milch und der Butter aufkochen, über die Masse geben und mit Salz und Muskat abschmecken. Nun in eine Isi Flasche (Siphon Flasche) oder eine Spritztülle geben. Der Kartoffelschaum lässt sich wunderbar in der Flasche im Wasserbad bei ca. 60 °C bis 70 °C warm stellen.

Onsen-Ei
Die Eier werden im Wasserbad bei ca. 60 °C 60 Min. langsam pochiert. Danach fällt das ganze Ei beim vorsichtigem Aufschlagen direkt aus der Schale. Beim Onsen-Ei gilt es, die Hitze der japanischen Thermalquelle zu simulieren. Ohne Thermometer geht's also nicht.

Kartoffelstroh
Die geschälten (festen) Kartoffeln werden mit Hilfe eines Küchenhobels mit der dünnen Streifeneinstellung in Julienne hobeln und zum Trocknen auf ein Küchenkrepp legen. Dann im Fettbad bei 180 °C goldgelb knusprig ausbacken. Kurz vor dem Servieren salzen, da die Hobel sonst weich werden.

Der besondere Tipp:
Frisch gehobelter Trüffel gibt diesem Gericht ein besonders zusätzliches Geschmackserlebnis.

Das Onsen-Ei: Onsen-Eier sind Eier, die in Japans heißen Quellen, den sogenannten Onsen, die ca. 60 °C bis 70 °C heiß sind, gegart wurden. Die Konsistenz ähnelt sehr stark dem bei uns bekannten Rezept der verlorenen Eier.

POULARDENBRUST „ASIA STYLE"
auf *geschmortem Spargel mit*
Wakame, Shiitake-Pilzen und Sesam-Sojasauce

Zutaten für 4 Personen

Poulardenbrüstchen
4 Poulardenbrüstchen
Erdnussöl zum Anbraten
Salz, Pfeffer

Spargel-Wakame-Gemüse
16 geschälte Spargelstangen
je 10 ml Sesamöl und Erdnussöl
160 g Wakame-Algen
100 ml Geflügelfond
20 ml Sojasauce, hell
20 ml Sake
1 Knoblauchzehe
2 Zweige frischer Koriander
etwas frische Ingwerwurzel

Sesam-Sojasauce
100 ml Geflügelfond, hell
50 g Butter
50 ml Sojasauce, dunkel
1 TL Sesampaste
50 g Maisstärke
40 ml Sake
Himalaya-Salz

Shiitake-Pilze
200 g Shiitake-Pilze
Sesamöl zum Braten

Poulardenbrüstchen
Die Poulardenbrüstchen mit Salz und Pfeffer würzen und in heißen Erdnussöl auf der Hautseite in der Pfanne knusprig anbraten, kurz drehen und dann die Brüstchen im Back-ofen wieder auf der Hautseite bei 140 °C Umluft ca. 10 bis 15 Min. fertiggaren. Danach 10 Min. bei 70 °C ruhen lassen.

Spargel-Wakame-Gemüse
Die 3 cm lang geschnittenen Spargelstücke in Erdnussöl und etwas Sesamöl, der Knoblauchzehe und dem Ingwer heiß anbraten. Nun erst mit dem Sake und dann mit dem Geflügelfond ablöschen und das Ganze so lange schmoren lassen, dass der Spargel noch einen leichten Biss hat und die Flüssigkeit fast komplett einreduziert ist. Nun die Wakame Algen dazu geben und mit der Sojasauce abschmecken. Zum Schluss den fein geschnittenen Koriander dazugeben.

Sesam-Sojasauce
Den Geflügelfond mit der Sojasauce, einem Schuss Sake und der Sesampaste aufkochen. Mit der angerührten Maisstärke auf die nötige Konsistenz abbinden, mit etwas Salz abschmecken und mit der kalten Butter kurz vor dem Servieren mit dem Zauberstab aufmontieren.

Shiitake-Pilze
Die Pilze in dünne Scheiben schneiden und in einer Teflonpfanne mit etwas Sesamöl knusprig braten und mit einer Prise Salz abschmecken.

Der besondere Tipp
Hierzu passt wunderbar ein frisch gekochter Jasmin-Reis.

SPARGELFLAMMKUCHEN

mit Bärlauch-Schinken,

Zwiebel-Paprika-Chutney und grünen Tomaten

Zutaten für 4 Personen

Zwiebel-Paprika-Chutney

200 g rote Paprika, geschält und
    in Würfel geschnitten
50 g Weinessig
60 g Zwiebeln, in Würfel
    geschnitten
1 Prise Paprikapulver, edelsüß
1 Prise gemahlener Piment
½ Chilischote (ohne Kerne verar-
    beiten), fein geschnitten
20 ml Sonnenblumenöl
Salz, Pfeffer, Zucker

Grüne Tomaten

4 große grüne Tomaten
1 Knoblauchzehe
Olivenöl
1 Bund Thymian
Meersalz
Pfeffer aus der Mühle
Puderzucker

Flammkuchen

4 Flammkuchenböden rund
    oder oval
24 gekochte Spargelstangen
320 g Bärlauch-Schinken
300 g Schmand
1 Bund Rucola

Zwiebel-Paprika-Chutney

Die Zwiebeln mit der Paprika und dem Chili im Topf mit etwas Sonnenblumenöl
farblos dünsten. Nun den Weinessig und die restlichen Gewürze dazugeben und bei
schwacher Hitze im offenen Topf ca. 60 Min. köcheln lassen. Dabei immer wieder umrühren. Das Zwiebel-Paprika-Chutney mit Salz, Pfeffer und etwas Zucker abschmecken
und kalt stellen.

Grüne Tomaten

Die Tomaten über Kreuz einschneiden und kurz in kochendes Wasser eintauchen, bis sich
die Haut löst. Danach sofort in kaltem Wasser abschrecken und die Haut rundum entfernen. Nun die Tomaten vierteln und das Kerngehäuse entfernen. Die Tomatenviertel flach
auf ein Backpapier legen. Die feingeschnittene Knoblauchzehe mit dem Olivenöl und dem
fein gezupften Thymian gleichmäßig auf die Tomatenzungen verteilen. Mit dem groben
Meersalz, Pfeffer aus der Mühle und etwas Puderzucker würzen. Die grünen Tomaten auf
dem Backblech ca. 50 Min. bei 80 °C Umluft in den Ofen schieben.

Flammkuchen

Den Flammkuchen gleichmäßig mit dem Schmand bestreichen, mit den halbierten Spargelstangen, dem Bärlauch-Schinken und den kalten Tomaten kreisförmig belegen und bei
kräftiger Hitze 250 °C bis 280 °C etwa 4 Min. im Ofen backen, bis der Boden knusprig ist.
Danach mit dem Zwiebel-Paprika-Chutney und dem frischen Rucola dekorieren.

SPARGELSTANGEN

mit

Wiener Schnitzel

vom Kalb und neuen Kartoffeln

Zutaten für 4 Personen

Spargel
1 kg geschälter Spargel

Wiener Schnitzel
4 Kalbsschnitzel aus der
    Oberschale à 150 g
150 g Mehl
2 Eier
250 g Semmelbrösel
250 g Butterschmalz

Garnitur/Beilagen
400 g neue Kartoffeln
100 g Butter
Schnittlauch
2 Zitronen
4 Kapern
4 Sardellen

Spargel
Die rohen Spargelstangen in den kochenden Spargelsud (s. S. 49) einlegen und ca. 20 bis 25 Min. garziehen lassen, bis er noch einen leichten Biss hat. Danach aus dem Fond nehmen, abtropfen lassen und heiß anrichten.

Wiener Schnitzel
Die Kalbsschnitzel an den Rändern leicht einschneiden. Die Schnitzel mit Klarsichtfolie bedecken, zart plattieren und leicht salzen. Die Eier mit einer Gabel leicht verschlagen. Die Kalbsschnitzel in Mehl beidseitig wenden, durch die Eier ziehen und danach in Semmelbröseln wenden (die Brösel dabei fest andrücken). Die Schnitzel leicht abschütteln und überschüssige Brösel entfernen. Reichlich Butterschmalz in einer Pfanne mit hohem Rand hoch erhitzen. Die Schnitzel in das heiße Fett legen und unter wiederholtem Bewegen der Pfanne bräunen. Dann mittels einer Fleischgabel vorsichtig wenden und von der anderen Seite ebenfalls goldbraun backen. Danach die Schnitzel abtropfen lassen, mit Küchenkrepp das überschüssige Fett abtupfen und direkt servieren.

Tipp
Die klassische Garnitur von Wiener Schnitzel ist eine halbe Zitrone mit einer aufgedrehten Sardelle sowie Kapern. Serviert wird das Ganze mit gekochten Kartoffeln und etwas klein geschnittenen Schnittlauch.

Vegetarischer Spargeleintopf

mit

BLAUEN KARTOFFELN, MAIRITTERLINGEN UND BROKKOLI

Zutaten für 4 Personen

Eintopf

400 g geschälte blaue Kartoffeln

600 g gekochter Spargel

1 Brokkoli Kopf

300 g kleine Mairitterlinge oder
    Pfifferlinge

200 ml Spargelsud (s. S. 49)

100 g Butter (als vegane Alter-
    native empfehlen wir
    vegane Margarine)

1 Schalotte

Salz, Pfeffer

Eintopf

Die Kartoffeln und die Spargelstangen bis auf die Spitzen in 1,5 cm kleine Würfel schneiden. Die Pilze in einer heißen Pfanne mit den fein geschnittenen Schalottenwürfeln anbraten und würzen. Den Brokkoli in kleine Röschen schneiden und in kochendem Salzwasser mit Biss blanchieren.

Den gekochten Spargelsud (s. S. 49) mit der Butter verkochen, bis eine Bindung entsteht. Nun die Kartoffel- und Spargelwürfel, die Spargelspitzen sowie den Brokkoli dazugeben und durchschwenken. Mit Salz und Pfeffer würzen und direkt im vorgewärmten tiefen Teller anrichten. Die Spargelspitzen dekorativ aus dem Eintopf schauen lassen. Darauf nun die frisch gebratenen Pilze geben.

Der besondere Tipp

Der gekochte Brokkoli bekommt eine besonders feine Raffinesse, wenn man ihn in aufgeschäumter Butter mit Mandelblättchen brät. Außerdem sorgt auch ein Löffel Rucola- oder Basilikumpesto, den man über den Eintopf träufelt, für besonderen Pfiff.

SPARGEL „POLNISCHE ART"

mit

brauner Butter-Bröselschmelze
und gehacktem Ei

Zutaten für 4 Personen

Spargel
1 kg Spargel
3,5 l Spargelsud (s. S. 49)

Butter-Brösel-Schmelze
250 g Butter
400 g Semmelbrösel
4 Eier, hartgekocht
½ Bund Kerbel

Spargel
Die rohen Spargelstangen in den kochenden Spargelsud einlegen und ca. 20 bis 25 Min. garziehen lassen, bis er noch einen leichten Biss hat. Danach aus dem Fond nehmen, abtropfen lassen und heiß anrichten.

Butter-Brösel-Schmelze
Die Butter in einem Topf schmelzen und heiß werden lassen. Die Semmelbrösel hinzufügen und unter ständigem Rühren (mit einem Schneebesen) bräunen. Die Masse schäumt nun etwas auf – dann kurz vom Herd nehmen und rühren, bis sich der Schaum wieder gesetzt hat. Diesen Vorgang so lange wiederholen, bis die Butter-Brösel-Schmelze eine schöne braune Farbe angenommen hat und leicht nussig riecht. Besonders zu beachten ist, dass man die Masse rechtzeitig vom Herd nimmt, da sie noch lange durch ihre hohe eigene Energie nachbräunt – Verbrennungsgefahr!

Anrichten
Die Spargelstangen auf einen heißen Teller legen, großzügig die Butter-Brösel-Schmelze über die Mitte des Spargels geben, das hartgekochte gehackte Ei darübergeben und mit einigen frischen Kerbelblättern großzügig dekorieren.

LOUP DE MER

auf *Safranspargel* mit Pfifferlingen,
Brunnenkresseschaum und Schupfnudeln

Zutaten für 4 Personen

Loup de Mer

600 g Loup de Mer Filet, entgrätet

50 g Mehl

20 ml Pflanzenöl

50 g Butter

1 Thymianzweig

1 Schalotte

Himalaya-Salz

Pfeffer

Saft einer halben Zitrone

Safranspargel

12 knackig gekochte Spargelstangen

2 – 3 g Safranfäden

100 ml Spargelsud (s. S. 49)

125 g Butter

Himalaya-Salz

Schupfnudeln

500 g Kartoffeln mehligkochend

200 g Mehl

2 Eier

Salz, Pfeffer, Muskat

50 g geklärte Butter

Brunnenkresseschaum

200 ml Fischfond

100 ml flüssige Sahne

50 ml Weißwein

50 ml Noilly Prat (trockener Wermut)

50 g Butter

1 Schalotte

1 kleiner Bund Brunnenkresse

Salz

1 Spritzer trockener Sekt

Pfifferlinge

250 g geputzte Pfifferlinge

4 Schalotten

20 g Butter für Pfifferlinge

Salz, Pfeffer

Loup de Mer

Das Fischfilet in vier gleich große Stücke schneiden, nur die Haut einmehlen und die Stücke mit der Hautseite zuerst in das heiße Pflanzenöl in die Pfanne geben. Mit Salz und etwas Zitronensaft abschmecken. Nun den Fisch kurz drehen und nach 30 bis 40 Sek. wieder auf die Hautseite legen. Danach die Butter, den Thymian und die halbierte Schalotte in die Pfanne geben und die Pfanne auf ein Gitter bei 180 °C Umluft ca. 5 bis 8 Min. in den Backofen schieben. Durch mehrmalige Druckkontrolle mit dem Daumen auf das Fischfilet erkennen Sie, wie sich beim Fisch nach und nach die Spannung aufbaut. Die Spannung sollte nicht zu fest werden, da sonst der Fisch innen zu trocken wird. Durch das überwiegende Garen des Fischfilets auf der Hautseite (ca. 80 Prozent der Zeit), bekommen Sie eine besonders knusprige Haut. Zusätzlich schont es durch den indirekten Kontakt des Fischfilets zur Pfanne das Fischfleisch vor dem Austrocknen.

Safranspargel

Die Safranfäden im Spargelsud ca. 15 bis 20 Min. auskochen, bis der Fond eine gelbe Farbe hat. Nun die halbierten Spargelstangen in den Fond geben und bis zur gewünschten Konsistenz weiter köcheln lassen. Zum Schluss die gewürfelte Butter dazugeben und den Spargel damit glasieren und mit Salz abschmecken.

Schupfnudeln

Die am Vortag in der Schale gegarten Kartoffeln schälen und durch die Kartoffelpresse drücken. Eier, Gewürze und nach und nach das Mehl unter die Kartoffelmasse arbeiten, bis ein glatter Teig entstanden ist. Den Teig auf einer bemehlten Arbeitsfläche zu einer 2 cm dicken Rolle formen, schräge Scheiben abschneiden und diese zu fingerdicken, daumenlangen Röllchen schupfen (schwäbischer Ausdruck). In kochendes Salzwasser geben und bei mittlerer Temperatur ca. 5 bis 10 Min. garziehen lassen. Danach in kaltem Wasser abschrecken und trocken legen. Dann die Schupfnudeln in geklärter Butter in der Pfanne goldgelb braten.

Brunnenkresseschaum

Die feingeschnittene Schalotte in der Butter im Topf farblos andünsten. Mit dem Weißwein und dem Noilly Prat ablöschen. Nun den Fischfond und die Sahne dazugeben und ca. auf die Hälfte einreduzieren. Zum Schluss die fein gezupfte Brunnenkresse dazugeben und mit dem Zauberstab und einem Spritzer trockenen Sekt aufmontieren. Mit Salz abschmecken.

Pfifferlinge

Die fein geschnittenen Schalottenwürfel in Butter farblos dünsten. Nun die Pfifferlinge darin schnell und heiß anschwenken und mit Salz und Pfeffer abschmecken.

Anrichten

Den Spargel auf den Teller legen, die Pfifferlinge und die Schupfnudeln dazugeben. Unmittelbar vor dem Servieren den Brunnenkresseschaum und den Fisch dazugeben.

27. Asparagaceae.

Asparagus
officinalis

SPARGEL IST GESUND

Der gesundheitliche Aspekt

————

Wenn man den Fachleuten glauben darf, dann ist Spargel ein Alleskönner und gilt als Gesundheits-Lebensmittel erster Wahl: Er ist kalorienarm, blutzuckerfreundlich, wirkt vorbeugend gegen Krebs, ist die perfekte Ernährung für Schwangere und Stillende ebenso wie für Diabetiker. Eigentlich gibt es kaum einen Bereich, in dem seine gesundheitlichen Vorteile nicht zum Tragen kommen. Neu ist dieses Wissen freilich nicht: Bereits um 5000 v. Chr. sollen Chinesen, Perser und Griechen grünen Spargel als Nahrungs- und Heilpflanze angebaut haben. Im alten China gab's für Gäste zur Begrüßung zunächst ein erfrischendes Spargel-Fußbad. Und für die Römer war „Asparagus officinalis", so der botanische Name, nicht nur eine Delikatesse, sondern galt als Allheilmittel auch bei Husten und Fieber, bei Wassersucht, Nierenerkrankungen und sogar bei Zahnschmerzen. Die schnell wachsenden, phallusartigen Sprossen brachten sie sogar auf die naheliegende Idee, dass vor allem Männer einen gewissen Vorteil aus dem Verzehr ziehen könnten.

Auch die traditionelle indische Medizin vertritt die Auffassung, Spargel könne neben einer allgemeinen Steigerung der Vitalität, besonders in Liebesdingen aufmunternd wirken. Mittelalterliche Kräuterkundige frohlockten, dass „Spargel in die Speis gethan, den Männern lustige begird bringt". Tatsächlich sorgt der hohe Vitamin-E-Gehalt im Spargel für die Produktion und Ausschüttung von Hormonen. Kombiniert man den Spargel auch noch mit Gartenkresse, Basilikum, Avocados und Mandeln, so ist dies nicht nur libidosteigernd, sondern hat ganz konkret tumorhemmende Eigenschaften. Eine Studie an der amerikanischen Rutgers University in New Jersey zeigte, dass die im Spargel vorhandenen Stoffe das Wachstum menschlicher Leukämiezellen eindämmen können. Weitere bioaktive Pflanzenstoffe bewahren den Menschen vor vielerlei gesundheitlichen Problemen, wie Bluthochdruck und Herzerkrankungen.

Ob potenzsteigernd oder nur gesund – Spargel ist lecker und entschlackt. Ein Kilo Spargel hat nur 180 Kalorien, dafür aber reichliche Vitamine und Mineralstoffe (A, B1, B2 und C sowie Eisen, Kalium, Phosphor und Jod). Der hohe Gehalt an Kalium und Asparaginsäure ist für die harntreibende und entgiftende Wirkung des Spargels verantwortlich. Ob nun weißer, grüner oder violetter Spargel genossen wird – gesund sind alle Sorten. Grüner Spargel ist am Ende sogar der Klassenprimus, denn er enthält, dadurch dass er das Sonnenlicht erblickt, mehr Chlorophyll und noch mehr Vitamine.

Wichtig ist aber vor allem eines: Damit Spargel seine positive Wirkung auf die Gesundheit voll entfalten kann, muss er spätestens zwei Tage nach der Ernte zubereitet werden. Dies empfahl im 16. Jahrhundert schon der Botaniker und Arzt Jacob Theodor in seiner „Spargelwurtzel Arzeney". Nur frisch fördere er auch sein „eheliches Werck". Auf dass nun jeder sein blaues, weißes oder grünes Wunder erleben möge!

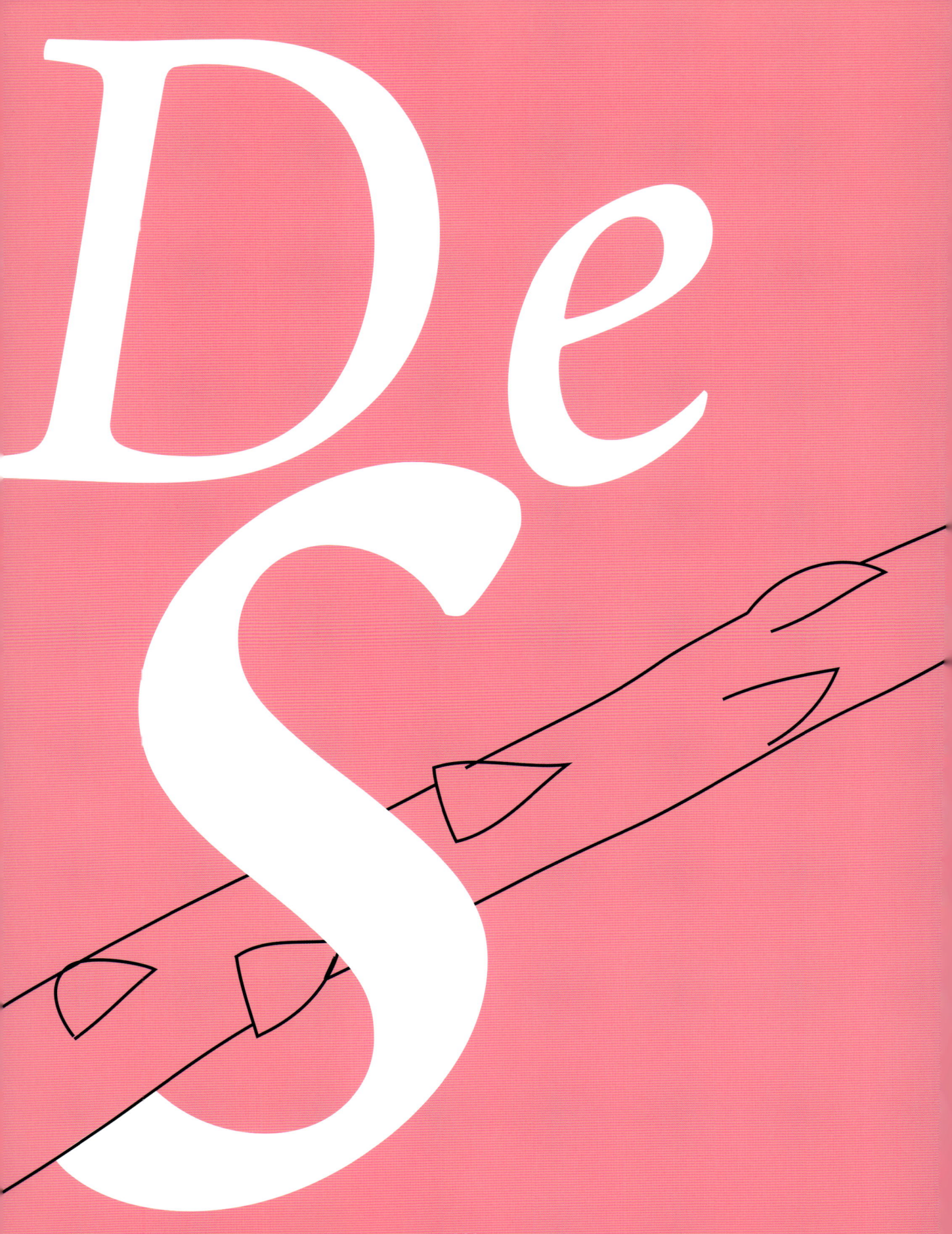

se
rts

Ein Nachtisch mit Spargel – was auf den ersten Blick vielleicht etwas ungewöhnlich erscheinen mag, entpuppt sich in Wirklichkeit als extravagantes Finale für ein frühlingshaftes Essen. Auf jeden Fall ist einem die Bewunderung sicher. Zusammen mit frischem Obst sorgt sehr junger und zarter Spargel für ein kulinarisches Erlebnis der Extraklasse.

KARAMELLISIERTER SPARGEL

mit

Sekt-Vanille-Sabayon,
Orangen-Crêpe und Röstkartoffeleis

Zutaten für 4 Personen

Karamellisierter Spargel
12 Spargelstangen
4 EL Zucker

Sekt-Vanille-Sabayon
130 ml Sekt
60 g Zucker
4 Eigelb
Mark von einer Vanilleschote

Orangen-Crêpe
2 Eier
60 g Mehl
60 ml Milch
20 ml Orangensaftreduktion
    (5fach eingekochter
    Orangensaft)

Röstkartoffeleis
100 g mehligkochende Kartoffeln
25 g Butter
100 g Crème fraîche
200 ml Milch
100 g Zucker
Salz, Pfeffer, Muskat

Erdbeeren und Honigkresse
    zum Dekorieren

Karamellisierter Spargel
Den Spargel schälen, dann in einer Pfanne mit dem Zucker (ohne Fett) bei nicht zu starker Hitze karamellisieren, sodass er noch einen leichten Biss hat.

Sekt-Vanille-Sabayon
Alle Zutaten in eine Schüssel geben und bei mittlerer Hitze mit einem Schneebesen auf einem Wasserbad aufschlagen, bis der Schaum eine gewisse Standhaftigkeit hat (die Wassertemperatur sollte ca. 65 bis 70 °C betragen).

Orangen-Crêpe
Alle Zutaten in eine Schüssel geben und zu einem glatten Teig verrühren. In einer Teflonpfanne dünne Crêpes ausbacken.

Röstkartoffeleis
Kartoffeln kochen, zerkleinern, mit der Butter bepinseln und im Ofen bei 180 °C anrösten, bis die Kartoffeln eine goldbraune Farbe haben. Dann fein mixen und die restlichen Zutaten dazugeben und nach Belieben mit den Gewürzen abschmecken. Nun in die Eismaschine geben und frieren lassen.

Anrichten
Den Spargel auf den Dessertteller legen und das Sekt-Vanille-Sabayon auf den Spargel träufeln. Den Crêpe backen, aufrollen und darüberlegen. Ganz zum Schluss eine Eisnocke auf etwas Zucker anrichten. Mit den geputzten Erdbeeren und der Honigkresse dekorieren.

PANNA COTTA

von Spargel und Ingwer

mit Himbeeren und Honigkresse

Zutaten für 4 Personen

*Panna Cotta vom Spargel
und Ingwer*
200 g geschälter Spargel
25 g Ingwer
200 ml Sahne
50 ml Wasser
60 g Zucker
2 Blatt Gelatine

Himbeer-Sauce
150 g Himbeeren
1 EL Zucker

Himbeer-Sorbet
250 g Himbeer-Mark
50 g Zucker
20 ml Himbeergeist
50 ml Wasser

Himbeer-Mousse
100 g Himbeer-Mark
10 g Zucker
1 Blatt Gelatine
100 ml Sahne

Dekoration
Himbeeren
Honigkresse
Spargel

Panna Cotta von Spargel und Ingwer
Spargel klein schneiden und in einen Topf geben. Ingwer schälen, klein schneiden und dazugeben, gefolgt von der Sahne, dem Wasser und dem Zucker. Bei mittlerer Hitze köcheln, bis der Spargel weich ist. Anschließend mit einem Pürierstab fein mixen und durch ein Sieb passieren. Danach die in kaltem Wasser eingeweichte Blattgelatine in einem kleinen Topf flüssig werden lassen und gleichmäßig unterrühren und dazugeben. Nun in Formen füllen und kalt stellen.

Himbeer-Sauce
Alle Zutaten in einen Messbecher geben und mit einem Pürierstab mixen, dann durch ein Sieb passieren.

Himbeer-Sorbet
Alle Zutaten glattrühren und das Ganze anschließend in die Eismaschine zum Frieren geben.

Himbeer-Mousse
Himbeer-Mark und Zucker in eine Schüssel geben. Die eingeweichte, ausgedrückte Gelatine mit etwas Himbeermark erhitzen und unter die Himbeer-Mark-Masse einlaufen lassen. Die Sahne steif schlagen und unter die erkaltete Masse heben und kalt stellen.

Anrichten
Zunächst mit der Himbeermus einen Streifen auf den Teller ziehen. Danach den Panna Cotta mit frischen Himbeeren, Honigkresse, schräg geschnittene Spargelrauten und Spargelspitzen auf dem Teller verteilen. Erst zum Schluss das Sorbet und die Himbeeren dazugeben.

SPARGEL-MACARON

mit Erdbeer-Salat, Kardamom-Pfeffer-Eis
und Pondicherry-Pfeffer

Zutaten für 4 Personen

Macaron
75 g Puderzucker
10 g Speisestärke
1 Eiweiß
25 g gemahlene Mandeln
1 EL Erdbeerpulver

Erdbeer-Salat
300 g Erdbeeren
1 EL Zucker
½ TL Vanillezucker

Spargel-Mousse
150 g geschälter Spargel
10 g Zucker
Zitronensaft
1 Blatt Gelatine
100 g Sahne
300 ml Wasser für Fond
100 g Zucker

Kardamom-Pfeffer-Eis
100 g Sahne
150 g Milch
3 Eigelb
40 g Zucker
Kardamom
Pfeffer

Anrichten
4 Spargelstangen, in Zuckerwasser
   gekocht
Pondicherry-Pfeffer aus der Mühle
Waldmeister

Macaron
35 g Puderzucker mit dem Eiweiß aufschlagen. Die Speisestärke dazugeben und steif schlagen. 30 g Puderzucker, Mandeln und Erdbeerpulver vermengen und unter den Eischnee heben. Die Masse in einen Spritzbeutel mit einer Lochtülle geben und auf ein Blech mit Backpapier ca. 8 cm Durchmesser zu großen Macarons spritzen. Dann bei 140 °C Umluft ca. 15 Min. backen.

Erdbeer-Salat
Die Erdbeeren waschen, das Grün abschneiden und dann in Scheiben schneiden. Dann Zucker und Vanillezucker mischen und über die Erdbeeren streuen und vorsichtig umrühren.

Spargel-Mousse
Den Spargel klein schneiden und in einem Wasser-Zucker-Fond weich kochen, absieben, pürieren und durch ein feines Sieb passieren. Nun das Spargelmark mit dem Zucker und dem Zitronensaft verrühren. Die in kaltem Wasser 4 bis 6 Min. eingeweichte und dann ausgedrückte Gelatine mit etwas Spargelmark erhitzen. Nun die Sahne steif schlagen und unter die erkaltete Masse heben, in eine Schüssel abfüllen und kalt stellen.

Kardamom-Pfeffer-Eis
Sahne, Milch und Zucker in einen Topf geben. Dann Pfeffer und Kardamom im Mörser etwas zerstoßen und ebenfalls in den Topf geben. Jetzt leicht erhitzen und 30 Min. bei schwacher Hitze ziehen lassen. Dann durch ein feines Sieb passieren und die Masse auf die Eigelbe geben. Nun auf dem Wasserbad bis ca. 70 °C (leichte Bindung) aufschlagen, wieder abkühlen lassen und dann in der Eismaschine frieren.

Anrichten
Den gebackenen Macaron mit dünn aufgeschnittenen Erdbeerscheiben und dem Spargelmousse füllen. In der Mitte des Tellers den Erdbeersalat geben, auf dem Erdbeersalat das abgestochene Eis anrichten. Den Macaron vor den Erdbeersalat geben und das Ganze mit dem klein geschnittenen süßen Spargel, Waldmeister und Pfeffer aus der Mühle dekorieren.

WEISSES SCHOKOLADEN-LIMONENMOUSSE

mit süßem Spargel im Glas,

Mandel-Crumble und Aloe-Vera-Sorbet

Zutaten für 4 Personen

Schokoladen-Limonen-Mousse
50 ml Milch
10 g Zucker
1 Eigelb
60 g weiße Schokolade, gehackt
1 Limone
150 ml Sahne
1 Blatt Gelatine

Süßer Spargel
4 Stangen gekochter Spargel
1 TL Vanillezucker
1 TL Zucker
etwas Limetten-Saft

Schokoladenblätter
200 g weiße Kuvertüre

Orangen-Hippe
10 ml Orangensaft
25 g Puderzucker
10 g Flüssige Butter
 6 g Mehl

Mandel-Crumble
50 g Butter
50 g Mehl
30 g brauner Zucker
40 g gemahlene Mandeln

Aloe-Vera-Sorbet
200 ml Aloe-Vera-Saft
30 g Zucker
30 ml Wasser
Lebensmittelfarbe, grün
etwas Limetten-Saft

Garnitur
Minze-Spitzen
16 runde Schokoplatten Ø 4 cm
4 kleine Erdbeeren

Schokoladen-Limonen-Mousse: Die Sahne steif schlagen und kaltstellen. Dann Milch, Zucker, Eigelb in eine Rührschüssel aus Metall geben und über einem Wasserbad schaumig schlagen. Die Gelatine in kaltem Wasser einweichen und in der warmen Masse verrühren. Danach auf die gehackte weiße Schokolade geben und verrühren. Nun den Limonenabrieb und -saft dazugeben und verrühren. Als Nächstes die Masse im kalten Eiswasserbad kalt schlagen. Zum Schluss die geschlagene Sahne unter die Masse heben und kaltstellen.

Süßer Spargel: Den Spargel in Scheiben schneiden und mit dem Zucker, Vanillezucker und Limetten-Saft in einer Schüssel vermengen und abschmecken.

Schokoladenblätter: Die weiße Kuvertüre schmelzen und auf Backpapier dünn ausstreichen und kaltstellen. Aus der erkalteten Platte mit einem Metallring (4 cm Durchmesser) pro Person vier runde Schokoladenblätter ausstechen und kaltstellen.

Orangen-Hippe: Puderzucker und Orangensaft in eine Schüssel geben und glatt rühren. Die flüssige Butter dazugeben und unterrühren. Das Mehl sieben und unter die Masse heben und anschließend für ca. 30 Minuten in den Kühlschrank stellen. Danach auf eine Silikon-Matte dünn streichen und im Backofen bei 150°C backen, bis der Teig gold-braun ist. Herausholen und leicht abkühlen lassen, dann in Form schneiden und auskühlen lassen.

Mandel-Crumble: Alle Zutaten in eine Schüssel geben und leicht schaumig schlagen. Dann auf ein gefettetes Blech geben und bei 160 °C ca. 10 Min. backen. Danach mit der Gabel zerbröseln.

Aloe-Vera-Sorbet: Alle Zutaten verrühren. Bei Bedarf etwas grüne Lebensmittelfarbe dazugeben. Dann in die Eismaschine geben und frieren.

Garnitur: Den süßen marinierten Spargel in ein Cognac-Glas füllen. Das weiße Schokoladen-Limonen-Mousse in einen Spritzbeutel mit einer Lochtülle füllen. In die Mitte des Glases das erste Schokoladenblättchen legen und kleine Moussetupfen auf das Blättchen spritzen. Nun das nächste Schokoladenblättchen daraufsetzen und die Prozedur wiederholen, bis man vier „Etagen" hat. Danach den Crumble um das Schokoladentürmchen garnieren. Pro Glas eine Erdbeere vierteln und im Glas und auf das Schokoladenmousse-türmchen verteilen. Die Orangenhippe auf das Glas legen und eine kleine Nocke Aloe-Vera-Sorbet darauf setzen. Zum Schluss die Minzspitzen verteilen und endlich genießen.

Rezeptregister

HAUPTGERICHTE

DESSERTS

Danksagung

Johannes Steiger – *Küchenchef*

Denis Strak – *Souschef*

Modigan Eickhoff-Goudarzi – *Frau Gaumenrausch/Berlin*

Daniela Wahlig – *Chef-Pâtissier*

Dennis Klinger – *Junior Souschef*

Daniela Pfeifer – *Direktionsassistenz*

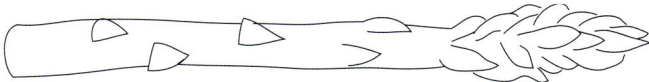

EDITION
99PAGES *by* HEEL

Impressum

Titel: EINFACH SPITZE – *kreative Spargelrezepte von Sternekoch* MARTIN SCHARFF
(Scharffs Schlossweinstube im Heidelberger Schloss)

ISBN: 978-3-95843-321-2
Edition 99pages by Heel, Königswinter

© 2016

99pages Verlag GmbH
Methfesselstr. 46a
20257 Hamburg

www.99pages.de

Heel Verlag GmbH
Pottscheidt 1
D-53639 Königswinter

www.heel-verlag.de

Autoren: Martin Scharff, Rainer Schillings, Natalie Lumpp
Redaktion: Rainer Schillings
Lektorat: Lara Büsing
Fotos und Look: Ansgar Pudenz
Coverfoto: iStock.com/shawn_hempel
Grafik Seite 6: Fotolia.com/Artalis-Kartographie
Bild Seite 69: Fotolia.com/deviddo; Portrait Natalie Lumpp: Armin Faber
Rezepte und Foodstyling: Martin Scharff
Art Direction: Till Schaffarczyk

Herstellung: Printed in Czech Republic